調べる　学ぶ　考える

教育相談 テキストブック

森 慶輔
宮下 敏恵
[編著]

学校で出会う問題とその対応

金子書房

はじめに

　教育相談，特に学校における教育相談の本を出版しようと思い立ったきっかけは3つあります。

　1つめは，改正された教育職員免許法および同法施行規則が2019（平成31）年4月より施行され，コアカリキュラムが導入されたことです。このコアカリキュラムにおいて，教育相談では「学校における教育相談の意義と理論を理解する」「教育相談を進める際に必要な基礎的知識（カウンセリングに関する基礎的事柄を含む）を理解する」「教育相談の具体的な進め方やそのポイント，組織的な取り組みや連携の必要性を理解する」という3つの一般目標が示されました。そのため，これらの内容を網羅するような書籍（教科書）が必要となりました。

　2つめは，学校の授業スタイルの変化です。いわゆるアクティブラーニングの必要性が様々に指摘され，教育相談の講義でアクティブラーニングの要素を取り入れるために，学生が主体性をもって，また学生同士が双方向で学び合うために，新しい形式の教科書があると便利だと考えたのです。

　3つめは，私たち教育相談の研究者，実践者が，学校現場が抱える様々な問題に対して，どのような対応が効果的であるか示す必要があると痛感したことです。近年，不登校児童生徒数，いじめの認知件数，暴力行為の発生件数などが増加し，学校関係者はその対応に追われています。現場の先生方はもちろん，これから教員を目指す学生，教育に興味関心をもつ方々にも，こうした問題への基本的な対応を理解いただきたいと思います。

　こうしたことを背景に，教育相談に造詣が深い，中堅，ベテランの研究者，実践者に各章を書き下ろしていただき，本書を充実した内容で刊行することができました。本書が，教育相談を学ぶ大学生等だけでなく，現場の学校関係者，教育問題に関心がある一般の読者にも有用な書籍として手

にとっていただけることを執筆者一同心より願っています。また本書を教職課程での教育相談の教科書として使用する場合の活用例を次ページに示しましたので，参考にしていただけると幸いです。

　なお本書の編集に際して，金子書房編集部の天満綾さんにコロナ禍にもかかわらず多大なお力添えをいただきました。心から厚く御礼申し上げます。

2021 年 10 月

編著者を代表して　森 慶輔，宮下敏恵

本書を教育相談の授業で使用される方へ

　「はじめに」で示したように，本書は教育相談の教科書として使用されることを念頭に編集しました。

　教育相談は 90 分の授業を 15 コマで実施されることが多いと思いますので，本書も 15 章構成になっています。Ⅰ部がコアカリキュラムの「学校における教育相談の意義と理論を理解する」「教育相談を進める際に必要な基礎的知識（カウンセリングに関する基礎的事柄を含む）を理解する」に，Ⅱ部が「教育相談の具体的な進め方やそのポイント，組織的な取り組みや連携の必要性を理解する」に対応しています。Ⅰ部は講義を中心に，Ⅱ部は演習を中心に授業を構成していただけるようにしました。

　Ⅱ部は予習課題を示しています。受講者は事前に予習を行い，授業の前半（だいたい 30 〜 40 分）で授業担当者が予習内容を確認し，必要な内容を補足するというスタイルを想定しています。予習課題は，本書をよく読むことで，必要な資料を調べることで予習ができるようにアレンジしていますので，受講者の過重な負担はないと思います。授業の後半（だいたい 40 〜 50 分）では事例検討を想定しています。予習した内容をもと

授業の前半での確認

事前の予習

事例のディスカッション

イラスト／ミヤジュンコ

に，あげられた架空の事例への対応をまず個人で検討し，そのあとでグループディスカッションをしていただくと教育効果が高まると思います。事例検討をしやすいように本書にあげた事例をもとにしたワークシートを準備しました。必要に応じてダウンロードして使用してください（目次末尾参照）。なお，ワークシートにはヒントや模範解答は掲載していません。これは受講者が自分なりの意見を表現する邪魔になる可能性があると考えたからです。本書をよく読むことで，必要な資料を調べることで，ディスカッションを行うことで，自ずと解答が得られると思います。

　今まで述べてきたものはあくまでも一例です。例えば，公認心理師カリキュラムの「教育分野に関する理論と支援の展開」において，事例編とワークシートだけを使用するなど，皆さまの目的に合わせて自由に使用いただければと思います。

目　次

付録のダウンロードおよび使用に関して

　「Ⅱ部　教育相談の実際」各章の【事例編】では，教材として使える設問つきワークシートをご用意しております。金子書房ホームページ『調べる・学ぶ・考える　教育相談テキストブック』の書籍ページよりダウンロードしてご使用ください。書影の下のダウンロード用バナーをクリックして，以下のユーザー名とパスワードをご入力ください。

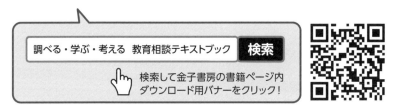

調べる・学ぶ・考える　教育相談テキストブック　検索

検索して金子書房の書籍ページ内
ダウンロード用バナーをクリック！

〔 ユーザー名：TEXTbook　／　パスワード：pim89ttB 〕

【注　意】

1．本サービスは，本書をご購入いただいた方のみご利用いただけます。上記のユーザー名およびパスワードは，第三者に知らせたり，メールなどで送信したりしないようにしてください。

2．すべてのファイルには著作権があります。ご使用は，学校の授業などの教育目的に限定されます。参加費などを徴収する有料の研修会などでのご使用に際しては出典を明記するとともに，金子書房宛に使用許可の申請をお願いします。内容を確認の上，可否を判断させていただきます。

3．改変・無断転載は禁止いたします。

4．ファイルはご使用になる方の責任でお使いください。著者および出版社は，本サービスの利用による結果に関して，一切責任を負わないものとします。

5．収録されているそれぞれのファイルには，パソコンの動作環境に関する制限があります。うまく作動しない場合には，それぞれのソフトウェアの最新版でお試しください。

6．本サービスの内容は予告なく変更になる場合があります。あらかじめご了承ください。

I 部

教育相談とは何か

1章

生徒指導と教育相談

森 慶輔

■ はじめに ■

　教育相談は，教育職員免許法施行規則において必修科目として位置づけられている学校教育を構成する重要な領域のひとつである。1990（平成 2）年に当時の文部省は「生徒指導の一環として位置づけられるものであり，その中心的な役割を担うものである」と述べているが，法令上の位置づけは曖昧であり，教員でも共通理解がないといえる。この章では教育相談の全体像を学習指導要領等の文部科学省刊行物を基に示したい。

1 学校における教育相談の歴史

　文部省（現文部科学省）は，生徒指導に関する基本的な考え方を示すものとして 1965（昭和 40）年に「生徒指導の手びき」を，1981（昭和 56）年には改訂版である「生徒指導の手引」を刊行した。これらにおいて教育相談は生徒指導のひとつの方法として位置づけられている。また，生徒指導資料集「中学校におけるカウンセリングの進め方」（文部省，1972）や「学校における教育相談の考え方・進め方」（文部省，1990）

において，学校の教育課程全般にまたは生徒指導にカウンセリングを位置づけ，教員がこれを担うという考え方に基づき，学校の中での効果的なカウンセリングの方向性が示された。

しかし，いじめや不登校といった問題行動が多様化，複雑化し，教員だけで対応することは困難となっていった。こうした状況をふまえ，学校外の専門職者を学校現場に派遣し，少しでも問題の解決を図ろうと，2001（平成13）年からスクールカウンセラー（以下，SC）を，2008（平成20）年からスクールソーシャルワーカー（以下，SSW）を，それぞれ小中学校を中心に配置するようになって現在に至っている。そしてこうした状況の変化を鑑み，2010（平成22）年に，文部科学省は生徒指導に関する学校・職員向けの基本書として「生徒指導提要」を作成した。

2 生徒指導とは，教育相談とは

この生徒指導提要において，生徒指導は「一人一人の児童生徒の人格を尊重し，個性の伸長を図りながら，社会的資質や行動力を高めることを目指して行われる教育活動」であり「学習指導と並んで学校教育において重要な意義を持つもの」とされている。また教育相談は「児童生徒それぞれの発達に即して，好ましい人間関係を育て，生活によく適応させ，自己理解を深めさせ，人格の成長への援助を図るもの」と定義されている。そして，生徒指導のねらいは児童生徒の問題行動に対して指導し，集団全体の安全を守ることであり，教育相談のねらいは指導を受けた児童生徒にそのことを自分の課題として受け止めさせ，問題がどこにあるのか，今後どのように行動すべきかを主体的に考え，行動につなげるようにすることであるとされている。また，教育相談は生徒指導の中核であり，教育相談と生徒指導は連続性のあるものとしてとらえられているが，教育相談と生徒指導の相違点は，教育相談は主に個に焦点を当て，面接や演習を通して個の内面の変容を図ろうとするのに対して，生徒指導は主に集団に焦点を当て，行事や特別活動などにおいて集団としての成果や変容を目指し，結果

として個の変容に至るところにある，とされている。

　福田・名島（2011）は，働きかける対象と目的の観点から，生徒指導と教育相談の異同について，（1）生徒指導も教育相談も働きかける対象は個人と集団であるが，生徒指導は集団をより重視し，教育相談は個人をより重視する，（2）また生徒指導の目的は問題行動に対する指導，集団全体の安全を守るための管理・指導だけでなく，児童生徒の自己統制力の育成が含まれ，教育相談の目的は問題行動について主体的に考えさせるだけでなく，児童生徒の自立を促すような支援を行うことも含まれる，としている。

　また，教育相談に関して，小学校／中学校学習指導要領総則（文部科学省，2018a；2018b）においては，「学校生活への適応や人間関係の形成などについては，主に集団の場面で必要な指導や援助を行うガイダンスと，個々の児童／生徒の多様な実態を踏まえ，一人一人が抱える課題に個別に対応した指導を行うカウンセリング（教育相談を含む。）の双方の趣旨を踏まえて指導を行うこと」とされている。そして，高等学校学習指導要領総則（文部科学省，2019）では，「学校生活への適応や人間関係の形成，教科・科目や進路の選択などについては主に集団の場面で必要な指導や援助を行うガイダンスと，個々の生徒の多様な実態を踏まえ，一人一人が抱える課題に個別に対応した指導を行うカウンセリング（教育相談を含む。）の双方の趣旨を踏まえて指導を行うこと」とされている。

　これらのことから，生徒指導と教育相談は自転車の両輪にたとえられるような独立した概念ではなく重複した概念であること，教育相談は，主に集団の場面で必要な指導や援助を行うガイダンスと個々の児童生徒の多様な実態をふまえ，一人ひとりが抱える課題に個別に対応した指導を行うカウンセリングの双方により児童生徒の発達を支援することであるといえる。

3 学校における教育相談と「チームとしての学校」

　学校を取り巻く課題が複雑になっていることを背景に，教員以外の人材，組織を学校教育に取り込む「チームとしての学校」とよばれる考え方が提唱されている。「チームとしての学校」とは，2015（平成27）年に中央教育審議会の答申に示された概念で，「専門性に基づくチーム体制の構築」，「学校のマネジメント機能の強化」，「教員一人一人が力を発揮できる環境の整備」の3つの視点に沿って学校のマネジメントモデルを転換するものである。この中でも特に注目されているのが「チーム体制の構築」である。

　図1-1が示すように，SCやSSWなど専門性を持つ人々と連携することが想定されている。SCは子どもや保護者へのカウンセリングやアセスメント（情報の整理，見立て）をはじめ，教員へのコンサルテーション（助言，援助）などを行う「心理の専門家」であり，SSWは子どもや家族との面談を通して，子どもを取り巻く環境を総合的に把握し，福祉の制度や資源を活用しながら，子どもとともに家庭を支援する「福祉の専門

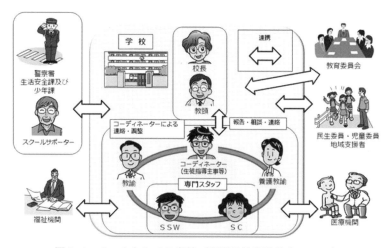

図1-1　チームとしての学校（福岡県教育委員会，2020）

SCの役割

ＳＣは，子どもや保護者へのカウンセリングやアセスメント（情報の整理，見立て）をはじめ，教職員へのコンサルテーション（助言，援助）などを行う「心理の専門家」です。子どもが困難な状況になってからの連携ではなく，様子の変化に気づいたら早期に連携を開始しましょう。

SSWの役割

SSW は，いじめ，不登校，暴力行為などの背景にある家庭的な問題（貧困，虐待，不和，家族の精神疾患など）に対して，その環境を改善するために必要な専門機関との連携支援をコーディネートする「福祉の専門家」です。子どもや家族との面談（家庭訪問を含む）を通して，子どもを取り巻く環境を総合的に把握し，福祉の制度や資源を活用しながら，子どもとともに家庭を支援します。

図1-2　SC と SSW の役割（長野県教育委員会，2017）

図1-3　校内チーム会議（文部科学省，2020）

家」である（図 1-2）。こうした教員以外の高い専門性をもったスタッフが学校に配置され，「チーム」で連携・分担して問題解決にあたることで，学校の教育力や組織力がより効果的に高まると考えられる。

　また図 1-3 が示すように，学校内のチームで問題解決にあたることも必要である。図 1-3 は校内チーム会議の例だが，学級担任だけが抱え込むのではなく，生徒指導主事（児童指導主任）や養護教諭などの教職員と多職種を交えたチームで検討し，支援の方向性を具体化していくことで効果的な支援が可能になるといえる。

4 特別支援教育と教育相談

　2007（平成 19）年から，それまでの特殊教育に代わり特別支援教育がスタートした。特別支援教育は，知的な遅れのない発達障害も含めて，特別支援学校だけでなくすべての学校において実施されている。障害のある児童生徒が自立し，社会参加するために必要な力を培うために，児童生徒一人ひとりの教育的ニーズを把握し，その可能性を最大限に伸ばし，生活や学習上の困難を改善または克服するため，適切な指導および必要な支援が行われている。内閣府の障害者白書（令和 2 年版）によると，特別支援学校に在籍している児童生徒は約 75,000 人，特別支援学級に在籍している児童生徒は約 278,000 人，通常の学級に在籍しつつ通級による指導を受けている児童生徒が約 133,000 人である。この数は年々増加し，全児童生徒の約 5 ％にあたる（図 1-4）。

　特別支援教育が始まる以前から，教育相談では配慮や支援を必要とする子どもの支援に取り組んできた。個別のニーズに応じた支援という意味で，特別支援教育の推進と教育相談の実践とは無縁ではない。特別な支援を必要としている子どもは何らかの困り感を抱えていて，教育相談でその困り感を訴える子どもや保護者が多数いる。個々の主訴に応じて個別の指導計画を立て，支援を進めることはその後の経過を良好なものにするために必須であるといえる。また SC の関わりが有効であることも多い。この

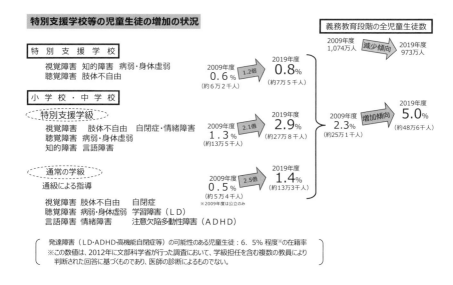

図1-4 特別支援教育を受ける児童生徒数（内閣府，2020）

ように特別な支援が必要な子どもが適切な支援を受けられるようにするためにも，教育相談の役割は重要であるといえる。

■ 引用文献

中央教育審議会（2015）チームとしての学校の在り方と今後の改方策について（答申）.〈https://www.mext.go.jp/b_menu/shingi/chukyo/chukyo0/toushin/__icsFiles/afieldfile/2016/02/05/1365657_00.pdf〉（2021年7月26日確認）

福田美智子・名島潤慈（2011）文部科学省の『生徒指導提要』における「教育相談」の検討. 山口大学教育学部附属教育実践総合センター研究紀要, 32, 47-51.

福岡県教育委員会（2020）学校の生徒指導体制を高める専門スタッフの効果的な連携・協働 Q & A.〈https://www.pref.fukuoka.lg.jp/uploaded/life/520263_60203865_misc.pdf〉（2021年7月26日確認）

文部科学省（2010）生徒指導提要.〈https://www.mext.go.jp/a_menu/shotou/seitoshidou/1404008.htm〉（2021年7月26日確認）

文部科学省（2018a）小学校学習指導要領（平成29年告示）解説 総則編. 東洋館出版社.

文部科学省（2018b）中学校学習指導要領（平成29年告示）解説 総則編. 東洋館出版社.

文部科学省（2019）高等学校学習指導要領（平成30年告示）解説 総則編　東洋館出版社

文部科学省（2020）スクリーニング活用ガイド――表面化しにくい児童虐待, いじめ, 経済的問題の早期発見のために（作成：大阪府立大学 山野則子研究室）.〈https://www.mext.go.jp/a_menu/shotou/seitoshidou/__icsFiles/afieldfile/2020/03/27/20200327_mxt_kouhou02_2.pdf〉（2021 年 7 月 26 日確認）

文部省（1965）生徒指導の手びき. 大蔵省印刷局.

文部省（1972）生徒指導資料集　中学校におけるカウンセリングの進め方. 大蔵省印刷局.

文部省（1981）生徒指導の手引. 大蔵省印刷局.

文部省（1990）学校における教育相談の考え方・進め方. 大蔵省印刷局.

長野県教育委員会（2017）子どもたちの笑顔と未来のために――「チームとしての学校教育相談体制」を機能させましょう.〈https://www.pref.nagano.lg.jp/kyoiku/kokoro/shido/shiryo/documents/teama4.pdf〉（2021 年 7 月 26 日確認）

内閣府（2020）障害者白書（令和2年版）.〈https://www8.cao.go.jp/shougai/whitepaper/r02hakusho/zenbun/pdf/s2_1-1.pdf〉（2021 年 7 月 26 日確認）

2章

教育相談とカウンセリング

北島正人

■ はじめに ■

　教育相談は，カウンセリングやカウンセリング・マインドといった臨床心理学領域の概念とともに説明されることが多い領域である。この章では，学校教育の観点で教育相談に含められるカウンセリングの，教育相談と臨床心理学それぞれにおける位置づけについて取り上げる。また，教育相談における対応のあり方を説明してきたカウンセリング・マインドから，援助ニーズに基づいて具体的な支援へとつなげる役目を果たす，学校心理学における心理教育的援助サービスまで幅広く触れながら，教育相談の役割，支援の考え方について取り上げてみたい。

1 教育相談とカウンセリングの位置づけ

⑴ カウンセリングとは

　学校現場で教育相談の一端を担う専門家として，スクールカウンセラー（以下，SC）が広く活用されている。SC は「カウンセラー」と呼ばれるように，その主な業務は「カウンセリング」であることがその名称からも

理解できる。「教育相談 イコール カウンセリング」と考えられがちではあるが，その両者は同格として扱われるべきものではない。

　まず，「カウンセリング」について取り上げよう。カウンセリングという用語は，元々「相談」，「助言」を意味する言葉であり，古くは20世紀初めのアメリカで，青少年の卒業後の職業への適応を改善するための「職業指導運動」において最初に用いられたとされている（木村，2012）。現在用いられているカウンセリングの治療的意味合い，また，心理学を基礎としたカウンセリングについては，ロジャース（Rogers, C. R., 1942）に始まる。心理療法（psychotherapy）とほぼ同一のものとして定義し，治療的な側面を強調する狭義のカウンセリングは，援助者（カウンセラー，counselor）が，援助を求める人（クライエント，client）に対して，心理的コミュニケーションを通じて援助する人間の営みである。カウンセラーは一定の訓練を経た上で，クライエントとの間に望ましく固有な（specific）関係を確立することが求められる。このカウンセラーが，精神，身体，行動における症状・障害を改善する一方で，パーソナリティの発達や成長を促し，自己実現を可能にするとともに，個人としてのありよう（a way of being）を新たに発見することを支援していくのがカウンセリングである（佐治・岡村・保坂，1996）。広義のカウンセリングは，個人の適応上の問題を解決するために，状態の見立てをしたり心理検査を実施したりしながら指導・助言を与えていくことが含まれている（東・大山・詫摩ほか，1973）。

⑵ 教育相談が包括するもの

　一方，教育相談は，1章で述べられてきたように，「一人一人の生徒の自己実現を目指し，本人又はその保護者などに，その望ましい在り方を助言すること」（中学校学習指導要領解説 特別活動編：文部省，1999）がその定義である。また，「その方法としては，1対1の相談活動に限定することなく，すべての教師が生徒に接するあらゆる機会をとらえ，あらゆる教育活動の実践の中に生かし，教育相談的な配慮をすることが大切であ

る」（文部省，1999）とも述べられている。

　教育相談は，児童生徒一人ひとりの発達をみきわめながら，適切な人間関係を築き，生活環境に順応する外的な適応を促進し，内的には自己理解を深め，人格の成長へとつなげていく内的適応を支援する働きかけである（生徒指導提要　第5章：文部科学省，2010）。発達途上にある児童生徒が，これから様々な出来事を体験し，いろいろなことを感じ，考える中で，学び，成長し，生きていく力を伸長していくこと，そしてそれを保護者や教員らが支えていくことを前提としている。

　教育相談の実際は，様々な悩みを抱える児童生徒一人ひとりに対して，きめ細かく対応するために，学校と多様な専門家の支援によって構成される相談体制，という複合的な活動を指している。この専門家に含まれるのは，教育の専門家としての教員をはじめとして，臨床心理学の専門家としてのSC，医療にかかわる専門家としての精神科や小児科の医師，福祉機関等の福祉領域の専門家，法律問題に対応するための司法領域の専門家等である。これらの専門家が日常的に連携，バックアップしている環境の中で，児童生徒の置かれている状況や抱えている問題，悩みに応じてそれぞれの専門家が専門性を生かして対応することになる（文部科学省，2007）。

　このように，教育相談は主役である子どもの症状や障害から，生活上の問題までを改善することを目指して，教員を中心とする複数の専門職の連携によって相補的，多面的に行われるものである。最終的には，対人関係，生活環境に適応しながら，主体的に問題を解決していける大人へと成長していくことを目指している。学校の中で行われるカウンセリング活動（スクールカウンセリング）は，専門家としてのSCや，カウンセリングに関する研修機会を経てカウンセリング・マインドを身につけた教員が行う相談面接であり，教育相談に包含されるひとつの機能といえるであろう。

　ただし，SCが行うカウンセリングと教員が行うカウンセリングには，共通点だけでなく相違点がある。SCが行うカウンセリングには，疾患や

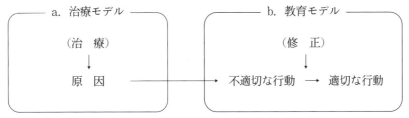

図2-1 治療モデルと教育モデル（田上，1999）

障害の見立てといった治療的なアセスメントや治療としてのかかわりという治療モデルから，児童生徒自身の問題解決力を引き出したり問題への対処スキルを育てたりする教育モデル（田上，1999）までを含んでいるが，教員が行うカウンセリングは主に教育モデルによる援助である（図2-1）。

(3) 教育相談における教員と SC の役割

　教員は児童生徒と教育的立場でかかわる専門職であり，そこに教育相談を兼ねる立場にある。教育相談が，日常的な学校生活上の問題を取り扱う場合は，通常の教員の立場とつながりのある広義のカウンセリング，「教員であるからこそできる相談対応」となる。しかしながら，不登校が長期化したり，教員として扱える範囲を超えるような，治療モデルとの境界に位置する問題を扱う場合には，狭義のカウンセリングを教育的立場を兼ねて行うことになる。その関係は多重関係の要素を帯び，「教員である一方で，教員の立場を離れた中立性を求められる相談対応」となることもある。

　学校生活の中で，教員は毎日の授業で教科教育を担当し，生活指導も行っている。そこでは，学業に関する相談を受けたり，生活上の問題や悩みを扱ったりすることはむしろやりやすい立場にある。しかし，例えば，教室でクラスメートからのいじめを受けた児童生徒にとっては，学級担任は，自らを保護してくれると同時に，加害的立場にある子どもを指導し，保護する人でもある。被害を受けた子どもには，自分だけの味方だと思え

なかったり，いじめが発生する環境の形成に加担した人だと見たりすることもある。

　そういった意味では，外部者としての SC は，多重関係はなく，安定的で中立的な立場でかかわれる立場にある。さらに，日常的に教員と生徒には，「教える」「指導する」ことを通じた上下関係がある。SC によるカウンセリングは，上下ではなく，いわば水平方向の平等な関係にある。指導や教育によって知識を身につけさせたり能力を上げたりすることは目的とはしない。むしろ，カウンセリング関係の中で，子どもの悩みを入口として，自分が本当に好むこと好まないことに気づき，何が自分に合うかを考え，どうすれば生き生きと生活することができるのかを発見するよう援助することを重視する。そして，学校という環境，集団生活にいかに適応できるかということのみが目標ではなく，個人のその後の人生において，のびやかに生活するすべを身につけることを重視する点が，教員の立場で行うカウンセリングと SC が行うカウンセリングの相違点でもある。

　それぞれの立場で行うカウンセリングがどのような効果を持つか，その違いを念頭に置きながら，場面や条件によって使い分ける必要がある。

2 教員の「カウンセリング・マインド」と，その後の「教育相談」

⑴ 求められるあり方の変遷
　教育相談は，学校にはじめて導入された当時から現在まで大きく変遷してきている。1960 〜 80 年代は，学校の相談室や保健室等で相談担当やカウンセラーが行う，1 対 1 の治療的活動としての「ミニクリニック・モデル」が取り入れられるようになった。臨床心理学的な考え方を優先したこの治療的なモデルは，教育的発想や学校特有の問題を取り扱うという視点が欠如しており，学校現場に沿うための工夫が求められる余地があった（平澤，2008）。

　これを学校に適した形へとなじませていくため，学校教育相談を生徒指

導の機能に組み入れる「生徒指導機能論」が示された（大野，1997b）。「望ましい行動の在り方などについて教師が生徒に指示あるいは教示し，逆に望ましくない場合には叱責するなどの規制的な方法で生徒の考え方や行動を改善していこうとする」訓育的指導と，「教師が生徒の心情や考え方を受容し，共に迷い，共に悩みながら話し合いを続ける中で，生徒自身に自らの在り方を考えさせ，生徒自らに問題解決の方法をつかませようとする」相談的指導があり，両者を補完し合うものとして生徒指導のあり方を示したものである（文部省，1980）。生徒指導提要においても「生徒指導の機能である教育相談的機能」という考え方が示されている。

　教育相談における「カウンセリング・マインド」の考え方は，このような流れの中で，注目されていった。

　1980 年代には不登校の増加に伴い，すべての教員が持つべきものとして「カウンセリング・マインド」という和製英語を，当時の文部省が取り上げるようになった。「カウンセリング・マインド」は，ロジャースの掲げた 3 原則（共感的理解，無条件の肯定的関心，自己一致）を基本として，教員が「子どもを理解する上で，子どもに関わる上での基本的な視点と態度」（鵜養・鵜養，1997）を示すものである。さらに，鵜養・鵜養（1997）は，「教師が子どもを理解し，子どもと関わろうとするときに，教師自身が自分の過去の経験や自分自身の問題へのとらわれから解き放たれて，今現在自分とその子どもとの間で起きる体験について開かれていること，子どもの背丈で，子どもの視点でものが見られること，そして評価的な視点からはなれて，子どもに対して無条件の肯定的関心を向けていることが，教育相談を行う上での基本的な態度」とも述べている。

　中央教育審議会答申（1971 年 6 月）では，学校教育について，「すべての国民に対して，その一生を通ずる人間形成の基礎として必要なものを共通に修得させるとともに，個人の特性の分化に応じて豊かな個性と社会性の発達を助長する，もっとも組織的・計画的な教育の制度であり，国民教育として普遍的な性格をもち，他の領域では期待できない教育条件と専門的な指導能力を必要とする教育を担当するものである」と説明してい

る。また，同答申（1996 年 7 月）では，学校の目指す教育として「(a)
［生きる力］の育成を基本とし，知識を一方的に教え込むことになりがち
であった教育から，子供たちが，自ら学び，自ら考える教育への転換を目
指す。そして，知・徳・体のバランスのとれた教育を展開し，豊かな人間
性とたくましい体を育んでいく。(b) 生涯学習社会を見据えつつ，学校
で全ての教育を完結するという考え方を採らずに，自ら学び，自ら考える
力などの［生きる力］という生涯学習の基礎的な質の育成を重視する」と
している。

　このように，学校教育の役割とそれが目指すものは，すべての児童生徒
に共通する学びと，個性にも着目するという個別性の双方を含み，さらに
主体的な学びと生きる力を育むことである。生徒指導提要（文部科学省，
2010）では，生徒指導は「一人一人の児童生徒の人格を尊重し，個性の
伸長を図りながら社会的資質や行動力を高めることを目指した教育活動」
であり，学校教育の中の個性の重視が挙げられているが，生徒指導は「児
童生徒の問題行動に対する指導や学校・学級の集団全体の安全を守るため
の管理や指導」であり，教育相談は「主に個に焦点を当て，面接や演習を
通して個の内面の変容を図ろうとする」ものとされており，その部分は教
育相談活動に主にゆだねられているといえる。

　教員は上述の「他の領域では期待できない教育条件と専門的な指導能力
を必要とする教育を担当する」学校において児童生徒を育成することを前
提とし，またその学校や学級といった集団の秩序や安全の維持に常に注力
せねばならない中では，そこから視点を切り替えて，個の内面へのかかわ
りを行うバランス感覚を保つのは容易なことではない。特に学級担任は学
級の中の複数の児童生徒に生じる問題と同時に，個別対応が必要になるこ
ともある。どうしてもネガティブな行動を改めさせる指導や，学級の集団
全体を安全に，うまく回していくための管理や指導の視点にとどまりやす
く，個人に深くかかわる対応は難しくなりやすい。

　本来，生徒指導提要では，教育相談が生徒指導の中心的な役割を担うも
のと捉えているものの，この両者の相違点が強調されると，一方を優先す

ると一方が成り立たないかのようにも見えることがある。福田・名島（2011）が提案するように，生徒指導は個に焦点をあてながら，より集団を重視し，教育相談は集団にも焦点をあてるが，より個を重視する，といったように，両者の連続性が保たれ，かつその役割の重点が明確になることが大切である。つまり，生徒指導は問題行動の指導や集団の安全を守るための管理・指導とあわせて児童生徒が自己統制する力を促進し，教育相談は問題がどこにあるのか，今後どのように行動すべきか主体的に考えさせながらも，同時に児童生徒の自立を促す支援を行っていく，という「両者をつなぐ機能」をより果たしていくことが大切である。

(2) カウンセリング・マインドをめぐる議論

　カウンセリング・マインドという視点はロジャースの基本理論を共有しているという点では，臨床心理学的な視点に立ったミニクリニック・モデルに近いが，教育相談担当やカウンセラーという立場，保健室や相談室という場所には限定せず，すべての教員が，日常的なかかわりの中で広く支援を行っていく点で異なる。同じく，生徒指導機能論とは，生徒指導と教育相談の両者をつなぐことを重視する点は共有しているが，生徒指導に力点が置かれている点では一線を画している。

　ただし，カウンセリング・マインドという視点が，今日の教育相談を説明するに足るということではない。平澤（2008）は，カウンセリング・マインド論は「教育」という領域に根差した理論であり，ミニクリニック・モデルや生徒指導機能論とともに，学校教育相談という領域には完全には当てはまらないという大野（1997a）の指摘を取り上げ，さらに「学校に適した形の，かつ，具体的な活動内容を持つ『学校教育相談』が模索される必要があった」と述べている。ここでいう具体的な活動とは，大野（1997a）による，生徒の問題への直接介入としてのカウンセリング（治療的かかわりを含むが，人間的配慮を含む日常的なかかわりの比重がより大きい），問題にかかわる関係者との協議であるコンサルテーション，問題解決に必要な関係者をつなぐコーディネーションを指す「相談活動」，

教職員の理解の形成や学校教育相談を学校の教育活動の一部とすることを目指して行う「推進活動」，これら教育相談活動の成果を評価する「評価活動」，その評価に基づき，定型化された活動パターンを作り，学校での教育活動に組み込んでいくのが「組織活動」，さらに学校の状況を観察し，この中のどの活動から始めるべきかを考え，学校全体の教育活動との関連を考えて展開することが「活動統合（インテグレイティング）」であり，この5つが挙げられている。

　また，角田（2019）は，「『生徒指導の一環としての教育相談』として教育相談を捉えた時には，『カウンセリング・マインド』ではなく広く『生徒指導』から考慮する必要がある」とし，あらためて「教育相談」についての姿勢・態度について検討している。

　いずれにしても，ミニクリニック・モデルからカウンセリング・マインドへの広がりにいたる流れは，それまでの学校教育，生徒指導，そして教育相談のあり方を変化させ，より良い形へと導くことには一定の貢献をしてきたといえる。今後は，さらに学校というフィールドに沿った教育相談のあり方が求められている。

3 教育相談の機能と心理教育的援助サービス

⑴ 学校心理学における心理教育的援助サービス

　平澤（2008）によれば，「『学校心理学』という学問体系が提供する理論や実践への知見を学校での教育活動に活かすのが『学校教育相談』」である。ここでは，学校心理学の「心理教育的援助サービス」を取り上げる。

　学校心理学は，「学校教育の一環として子どもの学校生活を援助する心理教育的援助サービスの理論と実践を支える学問体系である」（石隈，1999）。学校心理学は，教員とSCが協働の際に共有できる共通言語を提供する役割を担い，カウンセリング・マインドの枠を超えて，具体性，実行力を学校現場に提供し得る領域といえるだろう。

図2-2　3段階の心理教育的援助サービス，その対象および問題の例（水野，2019）

　その基盤をなす心理教育的援助サービスとは，「一人ひとりの子どもが発達する上で出合う学習面，心理・社会面，進路面，健康面など学校生活の問題状況や危機状況を援助し，すべての子どもの成長を促進する活動」である（石隈，1999）。その担い手は教員，SC，保護者などから成るチームであり，またその対象は「すべての子ども」である。

　キャプラン（Caplan, G., 1964）が公衆衛生分野にあった予防の概念を精神医療に取り入れ，コミュニティ心理学は，それまでの治療的サービスから，予防的サービスを重視するようになった。学校心理学における援助サービスは，このコミュニティ心理学の予防介入モデルを参照しつつも，精神障害やその影響といった問題拡大の程度を基準とせず，援助ニーズに焦点を当て，援助ニーズの大きさを便宜的に3段階に分け，それぞれの段階に応じた心理教育的援助サービスモデルを示している（石隈，1999；水野，2019；図2-2）。ちなみに，ここでの援助ニーズの程度は，質的ではなく量的なアセスメントである。

①一次的援助サービス

　子どもが，友人関係を構築したり集団活動に適応したり，だんだんと保護者から自立していくなど，発達上の問題や教育上の課題を行っていく際に生じる，基礎的あるいは普遍的な援助ニーズに対応するものであり，「すべての子ども」が対象となる。これを担うのは教員である。教員は学校システムを理解した上で，学習や進路選択，心理的・社会的サポート，心身の健康管理といった側面から，多面的にかかわることができる人である。また，教室でのかかわりや，SC や養護教諭につなぐ際にも，日常場面で子どもとかかわることのできる立ち位置にある。

　一次的援助サービスには，「促進的援助」と「予防的援助」（近藤，1994）が含まれる。促進的援助は，対人関係のスキルや学習，問題対処のスキルといった発達上および教育上の課題に取り組むうえで必要な基礎的能力の開発を促進する援助である。友人関係を構築するためのソーシャルスキルトレーニングや，依頼する・断るといった基本的なコミュニケーションスキルを身につけるためのロールプレイングなどがある。

　一方，予防的援助は，ほとんどの子どもが遭遇する課題や遂行上の困難を想定して，事前に準備し，そのような事態に備えさせる援助である。小中連携事業における，小学生の中学校体験入学は，中学入学時の不安を低減し，子どもたちの危機を和らげるのに役立つ。いじめの対策として人権やいじめの構造について学ぶこと，自殺予防教育として自殺の実際やSOS の出し方について学ぶことなども，発達の中で生じ得る危機に対応できる力を育てる予防的援助である。

②二次的援助サービス

　登校を渋り始めたり，成績が落ち込んできたり，友人関係を構築するのに失敗したり，といった危機を生じる可能性の高い，「一部の子ども」が対象である。教員はこの比較的高い援助ニーズに早期に気づき，初期の介入や援助を始める。また，転校，家庭環境の変化やトラブル等で悩む子どもには，声かけをしたり，さらなる傷つきの機会が生じないよう見守る，

表2-1 3段階の援助サービスにおける援助の基本とヘルパー（援助の担い手）の役割（石隈，1999）

	援助の基本	専門的ヘルパー（カウンセラー）	複合的ヘルパー（教師）	役割的ヘルパー（保護者）
一次的援助サービス（援助ニーズ：小）	促進的・予防的援助，日々の関わりと行事を通しての能力の開発，集団への援助	学校組織および教師・保護者に対するコンサルテーション	学習意欲を促進する授業，児童生徒の人間関係スキルの育成	リラックスする場の提供，学習や生活における健全な習慣の促進
二次的援助サービス（援助ニーズ：中）	一部の子どもたちの援助ニーズの早期発見と予防的関わり	教師・保護者および学校組織に対するコンサルテーション	配慮を要する子どもの発見，観察，指導・援助の工夫	子どもの問題状況の発見，観察，関わりの工夫
三次的援助サービス（援助ニーズ：大）	チームによる援助，個別教育計画の作成と実施	専門的アセスメント，アセスメントのまとめ，カウンセリング，コンサルテーション	教室などでの観察と特別の指導・援助，コーディネーション	家庭での観察と援助，子どもの代弁者としての発言

教員がこまめにかかわれる位置に机を配置するなどの環境調整を行ったりする。養護教諭や保護者が，子どもの抱える問題の兆候を発見してくれることがあり，そこからSCをはじめとする専門家につながることもある。二次的援助サービスは，子どもの抱える問題や苦痛がそれ以上大きくならないよう，そしてそれによって子どもの成長が阻まれないように取り組む予防的援助である。

③三次的援助サービス

不登校を含む長期の欠席やいじめ，虐待，非行，自傷行為，精神障害，発達障害など，個別に特別な援助を要する「特定の子ども」が対象である。このような重い援助ニーズを抱える子どもが，自分の強みを生かした

り，教育支援センター（適応指導教室）や医療機関などの学校内外の援助資源を活用したりしながら，自分の抱えている問題の解決や調整に取り組み，きちんと成長・発達していけるよう援助するものである。保健室登校では養護教諭，学校内相談室ではSCや教育相談担当の教員，適応指導教室では学校外の指導員，家庭では毎日子どもに触れ家庭での様子を学校に報告する保護者など，そういった学校内外の様々な場面で様々な支援者がかかわりながら三次的援助サービスを支えている（表2-1）。

⑵ 3 つの機能の教育相談

　学校心理学における3段階の援助サービスと並んで，学校教育相談では3つの機能の教育相談が重要視されている。それらは，以下に示す，開発的・予防的・問題解決的教育相談である（日本学校教育相談学会刊行図書編集委員会，2006）。学校教育の中での取り扱いとなるため，対象となる子どもは「児童生徒」とする。

①開発的教育相談

　将来，自立した豊かな社会生活を送ることができるよう，児童生徒が個性を伸ばし，社会性を身につけ，自己実現が図れるよう指導・支援する機能を持つ教育相談である。成長過程においてすべての児童生徒が遭遇する，発達上の課題や解決すべき課題について，教科学習，特別活動，総合的な学習など，学級単位・学校単位のあらゆる教育活動を通じて指導・支援し，基礎的な能力の開発を援助する。問題行動を生じにくい集団を形成する機能も果たす。

②予防的教育相談

　近々に家族を亡くした，欠席が多い，不安・緊張が高い，不定愁訴を訴える，など，問題が発生する可能性の高い児童生徒，または問題を示し始めた児童生徒を対象とし，問題の早期発見，早期対処といった機能を持つ。児童生徒の置かれた状況・環境を正確に把握し，本人のストレスへの

対処力を育てながら，ときには適切な助言，環境調整を行い，問題の発生を未然に防ごうとする働きかけである。

③問題解決的教育相談

開発的，予防的アプローチを用いることで低減を試みるも問題が生じてしまった場合，例えば，いじめや不登校，心身の不調などの問題に対して，カウンセリングを中心とするアプローチを用いて回復を助け，問題解決しようとするものであり，従来は「治療的教育相談」とされていた。本人の訴えにしっかりと耳を傾け，その気持ちを理解することはもちろん，事実関係や問題の発生・継続にかかわる要因の検討，環境調整を行いつつ，解決に向けた行動を支援していく。

4 おわりに

「開発的教育相談」は，促進的援助と予防的援助の双方の力を育む一次的援助サービスに相当し，「予防的教育相談」は二次的援助サービス，「問題解決的（治療的）教育相談」は三次的援助サービスに相当すると考えられる。ただし，石隈（1997）では「三次的教育援助（現在の三次的援助サービス）も『開発的』な意義を持つ」としており，三次的援助サービスが奏功するには「子どものもつ自助資源を発見し，開発していくこと」が重要である点が強調されている。

いずれにしても，これらの考え方は，子ども自身の立場に立った援助ニーズの把握につながり，教員や SC が，誰を対象としてどのような援助をすべきかを具体化し，迅速な対応を促進してくれるという点で非常に重要である。

■引用文献
東 洋・大山 正・詫摩武俊・藤永 保（1973）心理学用語の基礎知識. 有斐閣ブックス.
Caplan, G.（1964）*Principles of preventive psychiatry*. Basic Books.［新福尚武

監訳（1970）予防精神医学. 朝倉書店.〕

中央教育審議会 答申「今後における学校教育の総合的な拡充整備のための基本的施策について」（1971 年 6 月）

中央教育審議会 答申「21 世紀を展望した我が国の教育の在り方について（第一次答申）」（1996 年 7 月）

福田美智子・名島潤慈（2011）文部科学省の『生徒指導提要』における「教育相談」の検討. 山口大学教育学部附属教育実践総合センター研究紀要, **32**, 47-51.

平澤由紀子（2008）学校教育相談活動の変遷と課題——教育相談担当者と教職員の円滑な連携を目指して. 早稲田大学大学院教育学研究科紀要, **16**, 241-250.

石隈利紀（1997）学校教育のあり方を考える——予防的・開発的援助サービスの意義に焦点をあてて. 教育じほう, **591**, 28-33.

石隈利紀（1999）学校心理学——教師・スクールカウンセラー・保護者のチームによる心理教育的援助サービス. 誠信書房.

木村 周（2012）職業指導論. 日本労働研究雑誌, **621**, 42-45.

近藤邦夫（1994）教師と子どもの関係づくり——学校の臨床心理学. 東京大学出版会.

水野治久（2019）石隈利紀編 3 段階の心理教育的援助サービス——すべての子ども, 苦戦している子ども, 特別な援助ニーズを要する子ども.〔石隈利紀編　公認心理師の基礎と実践⑱——教育・学校心理学. 遠見書房, 79-88.〕

文部科学省（2007）児童生徒の教育相談の充実について——生き生きとした子どもを育てる相談体制づくり（報告）.〈https://www.mext.go.jp/b_menu/shingi/chousa/shotou/066/gaiyou/1369810.htm〉（2021 年 8 月 3 日確認）

文部科学省（2010）生徒指導提要.〈https://www.mext.go.jp/a_menu/shotou/seitoshidou/1404008.htm〉（2021 年 8 月 25 日確認）

文部省（1980）生徒指導上の問題についての対策——中学校・高等学校編. 大蔵省印刷局.

文部省（1999）中学校学習指導要領解説 特別活動編. ぎょうせい.

日本学校教育相談学会刊行図書編集委員会編著（2006）学校教育相談学ハンドブック. ほんの森出版.

大野精一（1997a）学校教育相談——理論化の試み. ほんの森出版.

大野精一（1997b）学校教育相談とは何か. カウンセリング研究, **30**, 160-179.

Rogers, C. R.（1942）*Counseling and Psychotherapy*. Houghton Mifflin Co.

佐治守夫・岡村達也・保坂 亨（1996）カウンセリングを学ぶ 第 2 版——理論・体験・実習. 東京大学出版会.

田上不二夫（1999）実践スクール・カウンセリング——学級担任ができる不登校児童・生徒への援助. 金子書房.

角田真紀子（2019）教師の「教育相談」の在り方と方法についての比較的検討

　　　文部省・文部科学省の資料を中心とした教師の「態度・姿勢」に注目して．専修大学人文科学研究所月報, **302**, 53-90.

鵜養美昭・鵜養啓子（1997）学校と臨床心理士――心育ての教育をささえる．ミネルヴァ書房．

3章

教育相談の技法

北島正人

■ はじめに ■

　子ども一人ひとりに応じた対応を考えるとき，子ども自身の能力や性格，情緒的特徴といった個別の特徴や，子どもを取り巻く環境（学校・家庭という物理的環境，および家族・教員・友人などの人的環境）を把握することが大切である。また，そのような情報を得た上でどのように子どもにかかわるのかをしっかりと検討することが必要となる。この章では，心理検査を中心に子どもを理解するための心理学的アセスメントを紹介し，さらに援助技法の概要を示すこととする。これらの援助技法について学ぶことは，教育相談の一部として学校現場に沿う形でこれらを実践する場合，医療機関等の外部機関で子どもが受けている治療を理解する場合にも役立つであろう。

1　児童生徒理解のための心理学的アセスメント

　児童生徒を理解するためには，彼らの抱えている問題，パーソナリティ，認知や行動のパターン，学校や友人関係・家庭を含む環境など，

様々な側面を幅広く捉えようとする，心理学的アセスメントが非常に有用である。下山（2009）は，心理学的アセスメントを次のように定義している。

　「臨床心理学的援助を必要とする事例（個人または事態）について，その人格や状況および規定因に関する情報を系統的に収集，分析し，その結果を総合して事例への介入方針を決定するための作業仮説を生成する過程」

　この心理学的アセスメントは，基本的には病理査定を行う医学的診断とは目的を異にするものである。第二次世界大戦においてはじめて心理学用語として用いられたアセスメント（assessment）は，個人の異常性や病理を見出すものではなく，リーダーシップや勇敢さなど，当初からパーソナリティのポジティブな側面を見出すことが目的であり，人間の心理的特性を幅広く測定・評価するものであった（下山，2009）。
　大切なことは，事例について多面的，系統的に情報を集め，分析するだけでなく，それらの情報をまとめて，ひとつの事例にどのようにかかわっていくべきか，仮説として具体化し，実際の介入を決定していくことである。このアセスメントを前提とする介入仮説が定まらないことで，無為に時間を過ごし，適切な介入の糸口を失うことにもなる。介入の方針を「決定する」機能はアセスメントの非常に重要な機能である。
　さて，心理学的アセスメントを行う際の方法には，主に，(1)面接法，(2)観察法，(3)検査法の3つの領域がある。

(1) 面接法
　面接は英語では "インタビュー" であり，人と人が互いに顔を合わせること（inter-view）を示している。これをアセスメントのための情報収集に用いるのが面接法である。学校においては，研究で用いる調査面接のように，調査目的に沿った質問を，取り決めたとおりに実施していく手法

を用いるのではなく，子どもや保護者の話すことを中心にしながら，かつ臨機応変に質問したり，共感的に話を聴いたりしながら，自然なやりとりの中で情報を得ていくことになる。質問に対する回答から得る情報を，正確に収集することがまず大切である。加えて，非言語的な情報にも気を配る。非言語的な情報とは，話す際の思考のまとまりの程度，発話までの時間，回答の際の緊張やとまどい，興奮した様子といった動きや，子どもと保護者との間の確認や声かけといった相互コミュニケーションの有無，両者のどちらがその場の主役となるか，などである。

　例えば，学級担任が子どもと進路について面談する際に，進路のことを考えたくない状況にある子どもは，「どうでもいい」と答えたり，そわそわしたり言葉を濁したりすることもあるだろう。言語としての「どうでもいい」という情報と，落ち着かない様子とをあわせて考察すると，決して進路の問題を軽視しているのではないこと，同時にそれがデリケートな問題であることを示している。互いに顔を合わせて，一定のテーマでやりとりするからこそ得られる情報である。

(2) 観察法

　観察法とは，対象となる人（個人や集団）やその行動を，日常の中の自然な状況，または一定の条件に統制した状況下で観察する方法である。それらの状況で対象となる子どもが，実際にどのように過ごしているのか，またどのような対処をしているのか，という具体的な情報を得ることができる。

　「あいつらとは付き合いたくない」と，友人への嫌悪感を教員に話した子どもについて，教室での実際の様子を観察してみると，友人グループの中では協調的に振る舞っていることもある。また，「みんなとうまくやれている」と母親に報告する子どもが，休み時間にはぽつんと孤立していることもある。本人の主観的な報告と実際の行動とを照合することで，より濃厚な情報を得ることができる。

⑶ 検査法

　知能検査や人格検査，神経心理学検査等を用いて，その結果から知的能力，人格的特徴，脳の機能や認知能力等を情報として得ることができるのが検査法である。ここでは，検査を目的ごとに分類しながら，教育相談において有用と思われる検査について紹介する。養護教諭を含む教員が実施できる簡便なものもあるが，医療や教育領域の心理専門職，特別支援教育や教育相談を担当する機関に所属する教員等が実施するのが適切な，複雑な検査もある。必ずしも学校教員が心理検査等を施行する必要はなく，学校外の専門家から説明を受けて対象児童生徒の情報を把握し，子どもの支援に活かしていくことで十分である。

①知能検査・発達検査・学力検査

　個別式の知能検査や発達検査は，ほとんどが高額な専用の検査キットを用いて測定することが多く，質問紙法で簡便に実施できるものは少ない。むしろその複雑さが，幅広く正確な測定を目指す検査であることを示しているといえる。

■ビネー式知能検査

　［対象年齢：2歳0カ月〜成人，所要時間：60〜90分］

　1905年に世界で初めて作成された知能検査法が，心理学者のビネー（Binet, A.）と医師のシモン（Simon, Th.）によるビネー式知能検査である。1947年に初めて田中寛一によって田中ビネー知能検査が刊行され，現在では版を重ねて第5版の田中ビネー知能検査Ⅴに至る。ビネー式知能検査は，図3-1のように，精神年齢（MA）から知能指数（IQ）を算出するが，田中ビネー知能検査Ⅴでは，2歳0カ月〜13歳11カ月にこの比率IQが適用され，14歳0カ月以上は偏差知能指数（DIQ）を算出する方式に変更された。この14歳以上の年齢群では，「結晶性問題」「流動性問題」「記憶問題」「論理推理問題」という4つの領域別および総合の偏差知能指数が算出できるため，個人の能力のバランスと知能の特徴

$$知能指数（IQ）= \frac{精神年齢（MA）}{生活年齢（CA）} \times 100$$

図3-1　ビネー式知能検査の知能指数の算出方法

を把握することができる。

■ウェクスラー式知能検査

　開発者のウェクスラー（Wechsler, D.）の名前を冠したこの一連の知能検査は，1938年のウェクスラー・ベルビュー知能検査にはじまり，現在では，就学前の子ども，小学校〜中学校の児童生徒，16歳以上の青年〜90歳までの成人，の3つの年齢段階に応じた検査へと展開している。3つの検査の共通点は，十数種類の下位検査と，3つまたは4つの指標得点とIQから成り立つこと，下位検査が平均10および標準偏差3，IQや指標得点といった合成得点が平均100および標準偏差15に統一されている点である。これによりそれぞれ下位検査間，合成得点間での直接比較が可能であり，能力どうしの差を見ることができる（表3-1）。

　・WPPSI™- Ⅲ（Wechsler Preschool and Primary Scale of Intelligence Ⅲ）

　対象年齢は2歳6カ月〜7歳3カ月。所要時間の目安は，5つの下位検査で構成される2歳6カ月〜3歳11カ月が40分，14の下位検査で構成される4歳0カ月〜7歳3カ月が50〜70分である。WISC-Ⅳと対象年齢が重複する子ども（5歳0カ月〜7歳3カ月）では，平均を下回る認知能力や言語障害が疑われる場合，日本語の習熟が不十分，または言語表出に困難を抱えているという場合は，臨床的判断とあわせてWPPSI-Ⅲの実施が推奨される。

　・WISC™- Ⅳ（Wechsler Intelligence Scale for Children Ⅳ）

　対象年齢は5歳0カ月〜16歳11カ月。所要時間の目安は60〜90分である。15の下位検査で構成されており，同年齢集団との比較である個人間差と，本人の中で得意なことと苦手なことに分けて相対比較を行う

表3-1　WPPSI-Ⅲ，WISC-Ⅳ，WAIS-Ⅳにおける合成得点の解釈（大六，2019）

尺度名	主要な解釈
全検査 IQ（FSIQ）	全体的知的発達水準を示す。境界域（70～79）より低い場合や，非常に高い場合は，知的発達水準に合わせた課題設定が必要。
指標得点　言語理解（VCI）	①言語の理解力および表現力の水準を示す。文法スキルや言葉の流暢性などは得点に反映されにくい。 ②習得された知識や語彙力（ことばの概念）の水準を示す。日常生活や教育を通して身につく部分が大きく，それゆえ文化の影響が大きいと考えられている。
知覚推理（PRI）	①流動性能力（非言語的な推理能力）の水準を示す。洞察力や基礎知識の応用力，直観思考力などを含む。算数・数学の学力の基盤となることもある。 ②視覚認知の水準を示す。絵や図形の認知障害，視機能の問題などがあると低下する可能性がある。
ワーキングメモリー（WMI）※WPPSI-Ⅲにはない	①聴覚的ワーキングメモリーの水準を示す。ワーキングメモリーとは，課題遂行中や活動中に目標・目的を保持し，妨害等あっても脱線せずにゴールに向かうための記憶力であるとともに，課題や活動が終わったらただちにリフレッシュされるものである。 ②（主に WISC で）音韻情報処理スキルの水準を示す。音韻情報処理スキルとは，ことばの音の側面をとらえる（音を正確に分析する）スキルであり，読み書きの基礎となる。
処理速度（PSI）	①作業を手際よく速やかに進める力の水準を示す。 ②単調な反復作業において集中力や動機づけを安定して維持する力の水準を示す。多動衝動を示し注意がそれやすい人では，この力が低いことが多い。 ③筆記スキルや視覚運動協応，視覚的短期記憶などの水準を示す。書字を苦手とする人は，この力が低いことが多い。

個人内差という捉え方がある。

・WAIS™-Ⅳ（Wechsler Adult Intelligence Scale Ⅳ）

対象年齢は 16 歳 0 カ月～90 歳 11 カ月。所要時間の目安は 60～90

分である。WISC-IVと同じく，15の下位検査で構成されており，同年齢集団との比較である個人間差と，本人の中で得意なことと苦手なことに分けて相対比較を行う個人内差という捉え方がある。

　これら3つのウェクスラー式知能検査においては，受検者の生活背景にかかわる情報や行動観察の記録，場合によっては他の心理検査の結果等を含めて，検査の解釈と照合し，その適切さを吟味することが必要である。

　就学前から小学校・中学校の年齢層を対象とするWISC-IVでは，特定の領域において高い能力を示す知的ギフテッド，知的障害（知的能力障害），学習障害（限局性学習症），注意欠如・多動性障害（注意欠如・多動症），自閉症やアスペルガー症候群その他の広汎性発達障害（自閉スペクトラム症），表出性言語障害，外傷性脳損傷等について，代表的な指標パターンが示されることがある（上野・松田・小林ほか，2015）。しかし，WISC-IVは，子どものこうした能力や障害を検討する有効な資料となり得るが，上野の指摘するように，臨床における診断名とWISCで得られる指標パターンが必ずしも一致するとは限らず，他の障害を併存しているケースもある。そのため，ステレオタイプ的な解釈はしないことを念頭に置いておく必要がある（上野，2015）。

■新版K式発達検査2001

　（Kyoto Scale of Psychological Development 2001）

　［対象年齢：新生児～成人，所要時間：30分～60分］

　「K式発達検査」の原案は1951年に作成され，1980年の改訂で「新版K式発達検査」として刊行された。1983年には0歳3カ月～14歳まで尺度を拡張した「新版K式発達検査（増補版）」が刊行され，福祉・教育・保健・医療などの分野で広く使用されてきた。さらに時代に沿うよう新たに改訂が加えられ，0カ月相当～成人までを対象とする「新版K式発達検査2001」が刊行された（生澤・松下・中瀬，2002）。幅広い年

齢を対象とするため，検査項目は延べ 328 項目あり年齢別に低い順に第
1 葉から第 6 葉までの 6 枚の検査用紙を用いる。個別検査の形で，年齢
区分ごとに定型発達児の 50 ％が通過する検査項目が配置されている。通
過項目（＋）と不通過項目（－）を検査用紙に記録し，その境目を線で区
切りながらつないでいくとプロフィールが作成され，個人の発達の進度お
よび偏りを視覚的に捉えることができる。また，3 つの領域（①姿勢・運
動領域【Postural-Motor Area: P-M】，②認知・適応領域【Cogni-
tive-Adaptive Area: C-A】，③言語・社会領域【Language-Social
Area: L-S】）ごとに，換算表を用いて発達年齢（Developmental Age:
DA）を求め，生活年齢（Chronologence Age: CA）を加えた式（DA
／ CA × 100［小数点以下は四捨五入］）を用いて発達指数（Develop-
mental Quotient: DQ）を算出する。さらに，3 領域を合計した全領域
における DA および DQ を算出することができる。

　2021 年には新たに「新版 K 式発達検査 2020」が刊行されている。検
査用紙は第 1 葉〜第 5 葉となり，乳幼児および成人用の検査項目が新た
に設けられ，生活年齢および発達年齢がともに 14 歳を超える場合には偏
差 DQ が算出できるようになるなど，大幅な改訂がなされている（清水，
2020）。

■ TASP（Transition Assessment Sheet for Preschoolers）
［対象年齢：4 〜 6 歳］
　保育士や幼稚園教諭が評価者となり，客観的な基準で子どもの発達を評
価できる「保育・指導要録のための発達評価シート」（伊藤・浜田，
2017）である。対象となる子どもの発達について，多動・不注意関連特
性として「落ち着き」「注意力」，対人社会性関連特性として「コミュニ
ケーション」「社会性」「順応性（こだわり）」，運動関連特性として「微細
運動」「粗大運動」の，3 分野計 7 つの領域で評価する。評定は，○（で
きる =2 点），△（場合によってはできる =1 点），×（できない =0 点）
で 35 項目について回答する。学年生まれ月ごとの判定表を参照しなが

ら，各領域の得点が「標準的水準」「境界水準」「要配慮水準」のいずれに
該当するか判定する。さらに，「社会性」「順応性」「コミュニケーション」
「粗大運動」は①〈内在化指標〉として「落ち込み・抑うつの傾向」，「落
ち着き」と「注意力」は②〈外在化指標〉として「イライラ・攻撃性の傾
向」，「注意力」「コミュニケーション」「微細運動」は③〈学業指標〉とし
て「学業不振の傾向」を示す。全領域の得点を合計した④〈総合指標〉と
合わせて，4つの総合指標得点としても活用することができる。これらは
次年度の担任や就学先小学校への引き継ぎ，個別の支援計画作成に役立て
ることができる。

■教研式 標準学力検査 NRT（Norm Referenced Test）

　［対象年齢（学年）：小学校用は小学1～6年生，中学校用は中学1～3年生
であるが，1学期中に実施する場合は1学年繰り下げて実施する。所要時間は，
小学校用は1科目40分，中学校用は1科目45分である］

　内容は，学習指導要領に準拠し，教科ごとの内容に沿った領域で構成さ
れている。小学1・2年生は「国語」と「算数」のみであり，3・4年生
はこの2科目に「社会」と「理科」を加えた4科目，5・6年生はさらに
「英語」を加えた5科目である。中学生は1・2・3年生ともに「国語」
「数学」「社会」「理科」「英語」の5科目である。科目ごと，学習単元ご
との結果を算定することで，具体的な教科指導対策に用いることができ
る。

　また，教研式 新学年別知能検査「サポート」と組み合わせることによ
り，本人の知的能力と学力の関係を見ることができる。新成就値（学力偏
差値−知能から期待される学力偏差値）を算出し，その差が +10 以上の
場合は知的能力を上回る学力を発揮している「オーバー・アチーバー」，
−10 以上の場合は知的能力からすれば学力が不十分と考えられる「アン
ダー・アチーバー」，知的能力に即した学力を発揮している場合は「バラ
ンスド・アチーバー」と判定される（黒沢，2015）。このように，知的能
力が学力に反映されている程度を見ることで，学業についてさらにどの程

度の努力が可能であるか，またはむしろ無理な努力をさせない，などの具体的で児童生徒一人ひとりに応じた学習指導に生かしていくことができる。

②人格検査・性格検査

人格検査・性格検査にはその収集の方法により，得られるデータの水準が異なる。主なものは質問紙法，投映法（投影法），作業法の3つである。

【質問紙法】

誰が，いつ実施しても安定したデータを得ることができる，標準化された質問紙法は，実施も簡単で，実施者による施行方法のバラつきがなく，熟練を要することもないのがメリットである。「はい」または「いいえ」で回答したり，何段階かの評定方法を用いた選択肢から選択したりすることもできる。デメリットとしては，意図して，または意図せずとも回答を歪めてしまう可能性は否めない点である。

■ YGPI® （YG 性格検査®）

［適用年齢：小学2年生〜成人，所要時間：30 〜 40 分］

ギルフォード（Guilford, J. P.）によるギルフォード性格検査をモデルとして，矢田部達郎らが日本で標準化した検査である。小学生用，中学生用，高校生用，一般用の4種があり，小学生用は96問，それ以外は120問で構成されている。各質問は「はい，いいえ，どちらでもない・わからない」のいずれかで回答し，その合計点は12の特性を示す尺度（表3-2）の粗点へと集約される。次にYG性格検査プロフィールに各尺度の粗点を転記し，A〜Eの5つの系統値を算出し，プロフィールの判定基準に基づいて典型，準型，混合型を含めた15種の類型に分けることができる。典型はA〜Eの5類型である（表3-3）。解釈に際しては，検査結果だけでなく，子どもの日常的な生活背景とそれを照らし合わせていくことが，正確な理解のために重要である。

表3-2　12の因子と性格特徴（辻岡，2000 を一部改変）

因　子	性　格　特　性
S 因子（社会的外向）	社交的で社会的接触を好む傾向
T 因子（思考的外交）	非熟慮的でおおざっぱな傾向
D 因子（抑うつ性）	陰気で悲観的気分が強い傾向
C 因子（回帰性傾向）	気分の変化が著しく，驚きやすい傾向
R 因子（のんきさ）	気軽で衝動的な傾向
G 因子（一般的活動性）	活発で，活動的な傾向
A 因子（支配性）	社会的指導性
I 因子（劣等感）	自信の欠乏や自己を過小評価する傾向
N 因子（神経質）	気が散り，いらいらし，いろんなことが気になる傾向
O 因子（客観性の欠乏）	ありそうもないことを空想したり，過敏傾向を示す
Ag 因子（愛想のないこと）	人の意見を聞かず，負けず嫌いで友好的でない傾向
Co 因子（協調性の欠乏）	人を信用せず，指示されることを好まない傾向

表3-3　5類型の主な性格特徴（辻岡，2000 を一部改変）

A 型 （平均型：average type）	全体的にバランスの取れた調和的な性格で，特に目立った問題傾向もない
B 型 （不安定積極型： blast type or black list type）	情緒不安定，社会的不適応で活動的・外向的な特徴を持つ。そのため，パーソナリティの不均衡が表れやすく，環境面や素質面において本人に不利なことが発生すると，各尺度の粗点の位置が標準点の4や5の枠内にある性格特徴の問題傾向が表れやすくなる。しかし，積極的で外向的な面を良い方向に向けることができれば，リーダーシップを発揮し，物事を推し進める力がある
C 型 （安定消極型： calm type）	おとなしく，消極的な性格だが，情緒的に非常に安定している。非活動的で内向的な面に注目する必要があるが，確実性・堅実性が高い
D 型（安定積極型： director type）	情緒的にも安定し，社会的適応も良く，活動的で対人関係も良好
E 型（不安定消極型： eccentric type）	情緒的に不安定で，非活動的，内向的なタイプ。不適応を生じやすい

■小児 AN エゴグラム

［適用年齢：小学低学年用・小学高学年用・中学生用・高校生用，所要時間：
5分］

　エリック・バーン（Berne, E.）が創始した交流分析における構造分
析，とりわけ3つの自我状態の間に流れている心的エネルギーのバラン
スをグラフ化し，視覚的に捉えたものが「エゴグラム」で，バーンの直弟
子であるジョン・デュセイ（Dusay, J. M.）の考案によるものである（末
松・和田・野村ほか，1989）。自我状態とは，個人の思考，感情，行動の
パターンを包括したものを指している。3つの自我状態は，親の自我
（Parent: P），大人の自我（Adult: A），子どもの自我（Child: C）で構
成されている。エゴグラムはこの3つの自我状態のうち，親の自我を「批
判的な親」（Critical Parent: CP）と「養育的な親」（Nurturing Par-
ent: NP），子どもの自我を「自由な子ども」（Free Child: FC）と「順応
した子ども」（Adapted Child: AC）とにそれぞれ分け，5つの自我状態
とした（赤坂・根津，1985）。

　小児 AN エゴグラムは，CP，NP，A，FC，AC，およびそれらの合計
得点（Total）の6つの尺度の粗点，またはそれを T スコアに変換したも
のを線でつないでエゴグラムを作成する。Total は小さすぎると未発達・
未成熟として問題があり，大きすぎる場合は，5つの自我状態の中で特に
高い因子の特徴が強く見られるという。また，5つの自我状態のバランス
から，①自他肯定型（自他の調和共存），②自己肯定・他者否定型（排他
主義），③自己否定・他者肯定型（交流の回避），④自他否定型（拒絶，閉
鎖）の4つの基本的構えを典型とし，交流様式を判定していくものであ
る（赤坂・根津，2011）。低年齢から利用できるエゴグラムとして取り上
げておきたい。

【投映法（投影法）】

　投映法（投影法）は，完全に構造化されていない場面や，曖昧さ・多義
性を持つ刺激素材を用いて，受検者がそれに対してどのような反応をした

かをデータ化し，分析，解釈していく方法である。回答について，意図的な操作が及ばない点，受検者に自覚されない多面的，または力動的な情報の把握ができる点がメリットである。一方，その実施と解釈には相当の時間や手間を要すること，さらに検査者の経験や技能の習熟が必要となること，データの分析が主観に偏る可能性を否定できず信頼性・妥当性が保証されない検査もあることがデメリットではある。複雑で多面的な情報を提供してくれるものにはロールシャッハ法，絵画統覚検査（TAT）等があるが，ここでは以下の2種を取り上げる。

■精研式文章完成法テスト SCT® (Sentence Completion Test)
　［対象年齢：小学生用（8～12歳）・中学生用（13～15歳）・成人用（15～16歳以上），所要時間：小学生用・中学生用40分，成人用50分］
　文章完成法テスト（SCT）は，「（子供の頃，私は）＿＿＿＿＿＿」，「（もし私の父が）＿＿＿＿＿＿」といったように，単語や書き出しの文章を刺激語として提示し，そこから刺激語に続いて思いつく文章を自由に記述させ，文章を完成させる形式の投映法検査である。小学生用および中学生用はPart I，Part IIそれぞれ25項目の計50項目，成人用はそれぞれ30項目の計60項目で構成されている。パーソナリティの評価項目には，知的側面，情意的側面，指向的側面，力動的側面の4側面，決定因子の評価項目には身体的要因，家庭的要因，社会的要因の3要因を包含している（佐野・槇田・山本，1960）。特にSCTでは，このうち知能に相当する能力的側面や個体的要因，社会的要因以外の要因，つまり情意的側面，指向的側面，力動的側面，家庭的要因を精密に調べることのできる点が非常に有用である（佐野・槇田・山本，1961）。また，本人の自発的表現による回答から，日常生活上の具体的な情報を得ることもできるのが利点でもある。

■ P-F スタディ（Rosenzweig Picture-Frustration Study）
　［対象年齢：児童用（小・中学生）・青年用（中・高・大学生）・成人用（20歳以上の一般成人と大学生），所要時間：20～30分］

ローゼンツァイク（Rosenzweig, S.）が考案した正式名称「欲求不満反応を査定するための絵画−連想研究」を略して「ローゼンツァイク絵画−欲求不満研究」としたものが現在の P-F スタディである。日常的に経験するようなフラストレーション状況が描かれた 24 枚の刺激場面に限定したものであるため，ローゼンツァイクは制限付きの準投映法（semipro-jective technique）と呼んだ（秦，2020）。刺激場面 1 枚につき，2 名以上の登場人物が描かれており，一方の人物が，もう一方の人物から欲求不満を生じさせられる場面でどのように答えるか，場面の中の吹き出しに記入していく形式である（図 3-2）。この 24 場面の反応語を，「アグレッションの方向（他責・自責・無責）」と「アグレッションの型（障害優位・自我防衛・欲求固執)」の組み合わせで評定し，記号化していく。こ

こでいうアグレッションとは，狭義の攻撃性ではなく，主張性という広い意味で用いられている。解釈では，GCR（日常的な欲求不満場面に常識的な対応ができるか），プロフィール欄（アグレッションの方向と型から示される，欲求不満場面への反応の特徴），超自我因子欄（自分に非がある場合の行動や態度），反応転移欄（検査への心構えや再教育の効果）などの指標から，個人の特徴を理解する。子どもの欲求不満およびアグレッションがどこに向かいやすいか，どのように処理されているか，今後

けがは
しなかった？

15.

図 3-2　P-F スタディ児童用（第Ⅲ版）（林・一谷・秦ほか，2006）
＊本検査の著作権は株式会社三京房に帰属する

どのように変化していくのか，といった情報を把握できる貴重な検査である。

【作業検査法】

受検者の言語的理解力や言語コミュニケーションをできるだけ用いずに，簡単な作業をさせ，その結果から性格特性や知的能力を捉えようとする検査である。内田クレペリン検査，BGT ベンダー・ゲシュタルト・テストなどがあるが，教育現場にかかわる検査としてはここでは取り上げない。

③集団・関係性検査

■ Q-U 楽しい学校生活を送るためのアンケート（Questionnaire-Utilities）

〔対象年齢：小学 1 ～ 3 年生用・小学 4 ～ 6 年生用・中学生用・高校生用，所要時間：15 分〕

いじめや不登校，意欲低下の可能性が疑われる子ども，学級崩壊の可能性，学級集団の雰囲気などの情報を把握するものである。「やる気のあるクラスをつくるためのアンケート（学校生活意欲尺度）」と「いごこちのよいクラスにするためのアンケート（学級満足度尺度）」から構成される。学校生活意欲尺度は，小学生用については「友達関係」「学習意欲」「学級の雰囲気」の 3 つの尺度で構成され，中学生用・高校生用は「友人との関係」「教師との関係」「学級との関係」「学習意欲」「進路意識」の 5 つの尺度から構成されている。学級満足度尺度は，友人や教員から承認されているかを示す承認得点と，不適応感やいじめ・冷やかし等の知覚を示す被侵害得点によって「学級生活満足群」「学級生活不満足群」「非承認群」「侵害行為認知群」に分類される（河村，2006）。さらに，これに「ふだん（日常）の行動をふり返るアンケート」を加えた Hyper-QU（高校生用 Hyper-QU には「悩みに関するアンケート」も加わる）があり，子ども一人ひとりの情報と，学級集団の状態を把握し，具体的な対応と方針を定めていくのに役立つものである（河村，2011）。

④気分，障害に関する検査

■ DSRS-C バールソン児童用抑うつ性尺度（Depression Self-Rating Scale for Children: DSRS-C）

［対象年齢：小学生〜中学生，所要時間：10分］

18項目の質問から構成されており，最近1週間の状態について，「いつもそうだ＝2点」「ときどきそうだ＝1点」「そんなことはない＝0点」の3件法で回答する。カットオフポイントは16点となる（村田・清水・森ほか，1996）。この抑うつ尺度は高校生への適用についても有用であるという報告がある（岡田・鈴江・田村ほか，2009）。

■自閉症スペクトラム指数（AQ）（Autism-Spectrum Quotient）

［対象年齢：児童用6〜15歳，成人用16歳以上，所要時間：10〜15分］

バロン‐コーエン（Baron-Cohen, S.）らが作成した「自閉症スペクトラム指数」（Baron-Cohen et al., 2001）の日本語版で，児童用，成人用ともに，「社会的スキル」「注意の切り替え」「細部への関心」「コミュニケーション」「想像力」の5つの下位尺度で構成される，全50項目のスクリーニング検査である。得点により，自閉スペクトラム症／自閉症スペクトラム障害（ASD）かどうかの判断，障害の程度のスクリーニングと，定型発達児・定型発達者のASD傾向の個人差を測定できる（若林，2016）。児童用のカットオフポイントは25点，成人用は33点である。栗田・長田・小山（2004）が作成した日本語版AQ-J（AQ-Japanese version）はカットオフポイントが26点であり，両者を混同しないよう気をつける必要がある（黒田，2014）。

以上，教育相談に有用な，心理検査によるアセスメントについて紹介した。心理検査データの収集法について知ることは，自覚される水準の反応か，または本人には自覚されない水準の反応かなど，その方法で収集されるデータの特徴を理解した上で，得られた検査結果を解釈することにつながるため，重要である。また，心理検査は対象となる子どもの特徴や状況

等に関する情報を幅広く多面的に収集し，それらを総合してどのようにかかわっていくかを検討する材料とするものであり，ひとつの検査の数値や結果だけに注目するのではなく，様々な情報を総合し，多面的・多角的に子どもを理解することを忘れてはならない。

2 教育相談における援助技法

⑴ 心理療法的アプローチ

①精神分析的心理療法

　フロイト（Freud, S.）は，現実検討力や時間感覚，思考過程をつかさどる「自我」が，本能欲動的で快原則にしたがう「イド」と，心の検閲機関である「超自我」と，「外界の現実」という 3 つの力を平衡状態に保とうとする心的装置を想定した（図 3-3）。自我がこの調整を適切に行えなくなった場合に不安が生じ，自我を安定させるはずの防衛機制が適切に機能しなくなることで，心身の失調に至ったり社会生活に支障をきたしたりすると考える。このような精神分析の方法，仮説，理論を基礎として，精神分析療法を修正，変更，工夫した心理療法を行うのが精神分析的心理療法である。人間の心理現象を生物・心理・社会の諸側面の因果関係の結果として考えていくことから力動的心理療法とも呼ばれる（長尾，2013）。

②行動療法

　行動療法では，正常な行動も，問題行動も，学習の原理（レスポンデント条件づけ，オペラント条件付け，モデリング）によって学習された行動であると考える。この学習の原理を行動修正に適用することができる。不適応行動や問題行動は誤って学習された行動であり，さらにそれを強化したり維持したりする状況では，いろいろな心理的問題が生じる。行動療法では，学習の原理に則って，問題行動や症状を「消去」したり，それに代わる適切な行動を再学習によって新しく形成したりすることで，改善を試みるものである。さらに行動療法は，「『独立した治療法や治療プログラム

を疾患や問題ごとにいくつもつくることができる』方法の体系」（山上，2007）としてすぐれている。

応用行動分析（Applied Behavior Analysis: ABA）は，オペラント条件づけから発展した行動療法の理論モデルのひとつである。認知や感情の側面なども含む精神活動全般をさす「行動」について，問題行動にとって何が先行刺激なのか，またその後にどのような後続刺激があるのかを考えていく（鈴木，2009）。つまり，行動の前にどのような状況（A: Antecedent stimulus）があってどのような行動（B: Behavior）が引き出され，そしてどのような結果（C: Consequence）がその後に続くのか，という仕組みで分析（ABC分析）をする。そして，環境を調整することと，個人の行動を変容させることという，環境と個人への働きかけを行うことで改善を試みる（Albert & Troutman, 1999 ［佐久間ほか訳，2004]）。少年院や刑務所等の再犯防止教育では非常に重視され，活用されているモデルであり，子どもの問題行動の修正に，具体的で効果的なアプローチを提供してくれるものである。

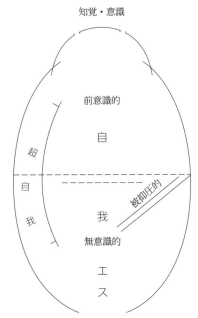

図3-3　フロイトの心的装置（フロイド，2014）

③認知行動療法

認知行動療法は，不合理で否定的な「認知の歪み」を，合理的・肯定的な認知に置き換えようとする認知療法と，前述の行動療法とをあわせた総称である。今や心理学的治療法の世界標準（グローバル・スタンダード）ともいわれる（丹野，2008）。

人間は「刺激→認知過程→反応」という認知的過程で情報処理をし，行動を決定している。しかし，自動思考や不合理な信念が認知的過程に影響を及ぼすことで，歪んだ認知的パターンや歪んだ認知スタイルの影響を受けた不適切な情報処理が生じ，様々な心理的問題を起こしてしまう。この認知の歪みに対して介入するのが認知行動療法である。学校にかかわる専門家にも広く浸透しつつあり，不登校等の学校場面に応じた介入方法としても用いられている。

④クライエント中心療法
　ロジャース（Rogers, C. R.）は，人間が自己の概念と全経験を一致させるよう指向する性質をもち，絶えず成長と自己実現に向かう可能性をもった存在だと考え，対象者を患者ではなく，自発的に援助を求めている人として「クライエント」と呼ぶようになった。カウンセラーは，傷つきやすい，または不安な状態にあるクライエントが，自分の経験の参照枠である自己概念と，経験とが一致しない状態が続くと，自己概念に矛盾する経験を意識に取り入れることができず，その結果，心理的問題へと発展してしまうと捉える。カウンセラーの側の「無条件の積極的関心」，「共感的理解」，「自己一致」といった許容的な心理的雰囲気の中で，クライエントは経験を取り入れ，自己概念と一致させ，本来持っている成長可能性が発揮されて統合へと向かう（佐治・岡村・保坂，1996）。晩年のロジャースは，自分の理論をひとつの心理療法としてではなく，人間同士やコミュニティの「生」のかかわり方そのものと考えるようになったが，このことは，今日広く教育場面で用いられていることにつながっているであろう。

⑤家族療法
　家族療法では，個人ではなく家族をひとつのまとまりをもったシステム（家族システム）とみなし，そのシステムや家族間のコミュニケーションの中にある関係の歪みが維持されると，それが個人の様々な心理的な問題として表れてくると捉える療法である。問題を呈した家族メンバーは「IP:

Identified Patient（患者とされる人）」とされる。そのため，個人を変えようとするのではなく，家族システム特有の問題としてシステムを変容させることが必要となる。

⑥ブリーフセラピー（Brief Therapy）および解決志向モデル（Solution-Focused Brief Therapy）

ブリーフセラピーは社会構成主義のもと，家族療法の転換期に発展してきた。個人ではなく家族に問題があるという捉え方が，かえって問題や症状を持続させることに貢献していると考え，むしろ「家族には固有の解決能力がある」という信頼に基づいて効率的アプローチを目指すものである。さらに，このような捉え方を発展させた解決志向モデルは，クライエントが問題解決のための資源を持っているという前提で，その問題に対応する最適な人である，クライエントの能力や行動を表れやすくするために面接を設定していくものである。未来志向の解決構築型モデルであり，コンプリメント（ほめる），ミラクル・クエスチョン，スケーリング・クエスチョンといった技法を通じて，クライエント自身が具体的な行動変化に気づくことを支援していくものである。

⑵ その他の技法（スキルトレーニングやグループアプローチなど）
①構成的グループ・エンカウンター
（Structured Group Encounter: SGE）

「出会い」を意味するエンカウンター（encounter）は，こころとこころのふれあいであり，この本音と本音の交流の中で「自他発見」をしながら，人間的成長を目指した集団体験学習（片野，2004）である。國分（1992）は，SGE が「個人が特定の行動・特定の考え方・特定の感情へのとらわれから解放され，行動・認知・感情が広がり，生活空間が広がるように新しい行動の仕方を学習すること，新しい認知を学習すること，新しい感情を体験すること」であり，「生き方，在り方を模索検討する能率的な方法として，エクササイズという誘発剤とグループの教育機能を活用

したサイコエデュケーションの一方法」としている。SGE は，子どもたちのコミュニケーション促進による仲間づくりや，不登校やいじめの予防のほか，教員研修でも広く用いられている（野嶋，2000）。

②ソーシャル・スキル・トレーニング（Social Skills Training: SST）

アセスメント，ロールプレイ，モデリング，般化といった行動療法の技法を組み合わせた新たなパッケージを用いて，対人関係能力を育てる技法である。生活技能訓練，社会（生活）技能訓練，社会スキル訓練ともいう。対人場面における適切な行動を実行するために必要なスキルの欠如を，具体的に補っていくことにより，社会的ストレスを回避することができ，様々な事態に対応できるようになることを目指すものである（安西，2003）。もともとは神経症などにより不安や抑うつを抱える人が不安を克服して自己表現ができるようになるための学習を支援する方法であったが，次第に知的障害や精神病患者へと対象を広げていった。現在では，学校教育の現場でのコミュニケーション指導や，少年院・刑務所等での矯正教育にも用いられている。

③アサーショントレーニング（Assertion Training）

アサーションは日本語では「自己主張」という言葉に置き換えられやすいが，本来のアサーションは「自分の気持ち・考え・意見・相手への希望などを伝えたいときは，なるべく率直に，正直に，その場に会った適切な方法で伝える自己表現」である（平木，1993）。学校教育の領域においても，相互に助け合うこと，話し合いのスキル向上，いじめや暴力への対応にアサーションの有効性が認められてきている。アサーションは自己表現の方法としてだけではなく，人間の「不完全さ」や「違い」を認める人権尊重のあり方としても役立つ（沢崎・平木，2002）ものであり，教育現場への取り入れにかかわる教員にとっては，子どもだけでなく自分たちにも役立つことになるであろう。

これらの援助技法は，必ずしも学校教員が自ら実施できなければならないのではない。子どもが受けている治療や援助技法，抱えている問題の理解がより深くなるための知識でもあり，いずれにしても子どもをよりよく知り，よりよくかかわるための方法と理解しておくことが大切である。

■ 引用文献

赤坂 徹・根津 進（1985）エゴグラムの小児科領域における標準化とその応用. 心身医学, **25**, 36-44.

赤坂 徹・根津 進（2011）AN-EGOGRAM 小児 AN エゴグラム解説. 日本総合教育研究会／千葉テストセンター.

Albert, P. A. & Troutman, C. A.（1999）*Applied behavior analysis for teachers*. ［佐久間 徹・谷 晋二・大野裕史訳（2004）はじめての応用行動分析. 二瓶社.］

安西信雄（2003）社会生活技能訓練（SST）の適応拡大と技法の修正. 臨床精神医学, **32**(10), 1203-1208.

Baron-Cohen, S., Wheelwright, S., Skinner, R., Martin, J., & Clubley, E.（2001）The Autism-Spectrum Quotient（AQ）: Evidence from Asperger syndrome/high-functioning autism, males and females, scientists and mathematicians. *Journal of Autism and Developmental Disorders*, **31**, 5-17.

大六一志（2019）知能検査.［津川律子・遠藤裕乃編　公認心理師の基礎と実践 14　心理的アセスメント. 遠見書房, 109-120.］

フロイド・S 著, 古沢平作訳（2014）フロイド選集 3　続精神分析入門〈デジタル・オンデマンド版〉. 日本教文社.

秦 一士（2020）P-F スタディ解説 2020 年版. 三京房.

林 勝造・一谷 彊・泰 一士・津田浩一・西尾 博・西川 満・中澤正男・笹川宏樹（2006）P-F スタディ児童用（第Ⅲ版）. 三京房.

平木典子（1993）アサーショントレーニング――さわやかな「自己表現」のために. 日本・精神技術研究所.

生澤雅夫・松下 裕・中瀬 惇（2002）新版 K 式発達検査 2001 検査手引書. 京都国際福祉センター.

伊藤大幸・浜田 恵（2017）保育・指導要録のための評価シート TASP. スペクトラム出版社.

片野智治（2004）構成的グループエンカウンターの目的.［國分康孝・國分久子編　構成的グループエンカウンター事典. 図書文化社, 18-19.］

河村茂雄（2006）学級づくりのための Q-U 入門――「楽しい学校生活を送るためのアンケート」活用ガイド. 図書文化社.

河村茂雄（2011）専門学校の先生のための hyper-QU ガイド――退学予防とキャリアサポートに活かす "学生生活アンケート". 図書文化社.

國分康孝（1992）構成的グループ・エンカウンター. 誠信書房.

栗田 広・長田洋和・小山智典（2004）自閉性スペクトル指数日本版（AQ-J）のアスペルガー障害に対するカットオフ, 臨床精神医学 33(2), 209-214.

黒田美保（2014）AQ（エイキュー）日本語版（自閉症スペクトラム指数 Autism-spectrum quotient）.〔辻井正次監修 発達障害児者支援とアセスメントのガイドライン. 金子書房, 163-165.〕

黒沢奈生子（2015）教材活用シリーズ第 58 回 教研式新学年別知能検査――サポート・学習支援システム－の紹介. 図書教材新報（2015 年 5 月 25 日発刊）, 一般社団法人日本図書教材協会.

村田豊久・清水亜紀・森 陽次郎・大島祥子（1996）学校における子どものうつ病――Birleson の小児期うつ病スケールからの検討. 最新精神医学, 1, 131-138.

長尾 博（2013）ヴィジュアル 精神分析ガイダンス――図解によるエッセンス. 創元社.

野嶋一彦（2000）日本におけるエンカウンター・グループの実践と研究の展開：1970-1999. 九州大学心理学研究, 1, 11-19.

岡田倫代・鈴江 毅・田村裕子・片山はるみ・實成文彦（2009）高校生における抑うつ状態に関する研究――Birlson 自己記入式抑うつ評価尺度（DSRS-C）を用いて. 児童青年精神医学とその近接領域, 50(1), 57-68.

佐治守夫・岡村達也・保坂 亨（1996）カウンセリングを学ぶ――理論・体験・実習. 東京大学出版会.

佐野勝男・槇田 仁・山本裕美（1960）精研式文章完成法テスト解説――成人用. 金子書房.

佐野勝男・槇田 仁・山本裕美（1961）精研式文章完成法テスト解説――小・中学生用. 金子書房.

沢崎達夫・平木典子（2002）アサーションの基礎知識.〔平木典子・沢崎達夫・野末聖香編 ナースのためのアサーション. 金子書房, 1-10.〕

清水里美（2020）新版 K 式発達検査 2020 解説書（理論と解釈）, 新版 K 式発達検査研究会編, 郷間英世監修, 清水里美（著者代表）, 京都国際社会福祉センター発達研究所.

下山晴彦（2009）アセスメントとは何か.〔下山晴彦編 よくわかる臨床心理学 改訂新版. ミネルヴァ書房, 40-41.〕

末松弘行・和田迪子・野村 忍・俵里英子（1989）エゴグラム・パターン――TEG 東大式エゴグラムによる性格分析. 金子書房.

鈴木晶子（2009）V 問題を理解する（アセスメント）(3) データの分析技法 応用行動分析.〔下山晴彦編 よくわかる臨床心理学 改訂新版. ミネルヴァ書房, 62-

63.]

丹野義彦（2008）認知行動療法とは.［内山喜久雄・坂野雄二編　認知行動療法の技法と臨床. 日本評論社, 2-8.］

辻岡美延（2000）新性格検査法――YG 性格検査 応用・研究手引き. 日本心理テスト研究所.

上野一彦（2015）「日本版 WISC-Ⅳによる発達障害のアセスメント」発刊とこれからの WISC-Ⅳの解釈, WISC-Ⅳテクニカルレポート #13. 日本文化科学社.

上野一彦・松田 修・小林 玄・木下智子（2015）日本版 WISC-Ⅳによる発達障害のアセスメント. 日本文化科学社.

若林明雄（2016）ASD のスクリーニング②――AQ. 臨床心理学, 16(1), 16-18.

山上敏子（2007）方法としての行動療法. 金剛出版.

教育相談の実際

4章

不登校と登園渋り

■ 予習課題 ■

1. 文部科学省のホームページから，現在の不登校の定義を確認しましょう。

2. 文部科学省が実施している「児童生徒の問題行動・不登校等生徒指導上の諸課題に関する調査」の最新データから，「不登校児童生徒数の推移」「学年別不登校児童生徒数」について調べましょう。

3. 国立教育政策研究所（2014a）の「不登校・長期欠席を減らそうとしている教育委員会に役立つ施策に関するQ&A」を参考に，不登校の未然防止のため学校で取り組むべき対策を調べましょう。

4. 文部科学省のホームページなどを参考に，不登校児童生徒を支える専門職や外部機関などについて調べましょう。

4章

不登校と登園渋り

大門秀司

■ はじめに ■

文部科学省（2020）は，不登校は長期欠席の理由のひとつで，「何らかの心理的，情緒的，身体的あるいは社会的要因・背景により，登校しないあるいはしたくともできない状況にあるため年間30日以上欠席した者のうち，病気や経済的な理由による者を除いたもの」と定義している。しかし，ひとくちに不登校といってもその実態は様々であり，子ども一人ひとりの状況に応じて適切な対応を進めていくことが求められる。このことをふまえて，知識・技術編では学校での対応のあり方を中心に解説し，事例編では実際にどのように対応するのがよいかを検討する。

知識・技術編

1　不登校の現状

「児童生徒の問題行動・不登校等生徒指導上の諸課題に関する調査」（文部科学省，2020）によると，令和元年度の不登校児童数は 53,350 人

（在籍児童数 6,395,842 人，全児童数に占める割合 0.8 %），生徒数は 127,922 人（在籍生徒数 3,248,093 人，全生徒数に占める割合 3.9 %）であり，小学校では 120 人に 1 人，中学校では 25 人に 1 人，不登校児童生徒がいるという計算になる（図 4-1，図 4-2）。このうち約 56 %は 90 日以上の欠席となっている。

　不登校の要因として，「本人の無気力・不安（約 40 %）」が一番多く，それに続いて「友人関係をめぐる問題（約 15 %）」,「親子の関わり方（10 %）」の順である。

　一般に不登校は，子どもが学校に行けない状態を指す。しかし，不登校児童生徒の定義は「30 日以上欠席した者のうち，病気や経済的な理由による者を除いたもの」とされており，「学校に行けない子ども」だけでなく「学校を休みがちな子ども」も含まれ，登校と欠席を繰り返す子どもたちも含まれると考えられる。30 日間の欠席は断続的でも継続的でも同じようにカウントするため，月に 3 日間だけの欠席でも，その状態が 10 カ月続けば累計の欠席日数は 30 日となるため，不登校と判断されることもある。

　一方で，遅刻や早退を頻繁に繰り返し，実態としては不登校の状態にあっても，一日のうち数分でもよいから保健室や相談室，教室に顔を出す

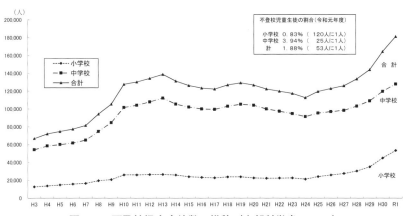

図 4-1　不登校児童生徒数の推移（文部科学省，2020）

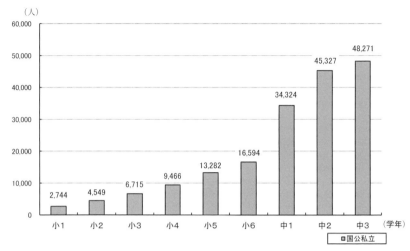

（人）

図4-2　学年別不登校児童生徒数（文部科学省，2020）

などして登校し，欠席日数が30日以上とならなければ，不登校にはカウントされないケースもある。また，医師の診断書によって「病気」とされるなど，実態は不登校であったとしても，不登校とはみなされない場合もある。

　このように不登校の実態は様々であり，不登校がなぜ，どのように発現したのか，その子の不登校はどのような段階にあり，なぜ不登校が続いているのかなどは一人ひとりの子どもによって異なる。子どもに関する情報を多く集めてアセスメントを行い，適切な対応を進めていかなくてはならない。適切なアセスメントのためには学校，保護者，スクールカウンセラー（以下，SC），スクールソーシャルワーカー（以下，SSW），医師や関係諸機関など，子どもに関わる者が，それぞれの専門性のもとに情報を共有し，子どもの将来を見据え，意見を交換していくことが重要である。

　また，幼稚園，保育所，認定こども園等の就学前の子どもにおいては，登園渋りがみられる（図4-3）。例えば，登園の際に保護者と離れることの不安から泣き叫ぶ，困ったときにどうしたらよいのか心配で行き渋るなどが挙げられる。保育者は子どもが抱える不安要因に対し，信頼関係を基

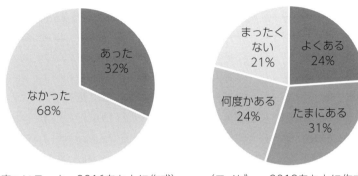

Q. これまでゴールデンウィーク明けに
お子さんの登園しぶりはありましたか？　Q. お子さんの登園しぶり…経験ある？

（未来へいこーよ，2016をもとに作成）　（コノビー，2019をもとに作成）

Q. 子どもが登園をイヤがったことはある？

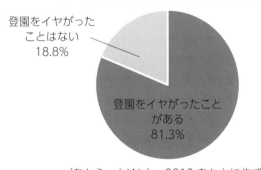

（あんふぁんWeb，2018をもとに作成）

図4-3　登園渋りの実態

盤に，周囲の環境に進んで関わっていけるように援助することが求められ
ている（田中，2019）。

2　不登校の初期段階──共感的理解と的確なアセスメント

(1) 共感的理解

　不登校の子どもは，登校できない理由を言語化できないことが多い。

柴・宮良（2017）は，児童・青年期には，学校に行けない理由を言語化するよりも先に身体反応が形成され，当事者には身体反応がより強く認識されると述べている。特に，不登校の初期段階では，「頭，お腹が痛い」「胸のあたりが重い」「だるくて起きられない」など身体の苦痛を訴えて欠席となることが多い。また，身体の不調とともに心の中で「学校に行かなくては」と「学校に行きたくない」という葛藤が起きることもある。このような葛藤が起こる子どもがいる一方で，「学校に行くのが面倒くさい」「家でゲームをしたいから休む」など，怠学傾向から学校に「行かない」という選択をする子どももいる。さらに，学校に行けない状況に対して自己否定する子どももおり，「学校に行ける自分はOK，行けない自分はダメ」「私なんか学校に行く価値がない」などの思いを抱く場合もある。

　不登校の前段階として学校に行けない状態が始まって，家の部屋で休んでいるときに，たまたま聞こえた母親のため息や両親の話している小声が，自分が学校に行けないことを非難しているように感じるという子どもや，「学校に行けない私のことを親は嫌いなんだ。見捨てられるかもしれない」などの不安を感じる子どももいる。このような子どもに対応する学校側，特に学級担任は子どもや保護者の心理を共感的に理解しつつ，適切な対応をしていくことが求められる。

　保護者については，こうした不登校の初期段階では「学校に行けない」という状態を受け止められず，何とかして学校に行かせたいと考え，戸惑いながら，なぜ学校に行かないのかと叱咤し，登校を無理強いする傾向がみられる（柴・宮良，2017）。また，登校を拒んで泣く，閉じこもる，癇癪を起こすなど，子どもが学校に行き渋る経験をした母親は，一般に精神的健康が低下している（山田・藤井，2020）ことが多く，学校が保護者を支えながら対応を進めることも必要となる。

　子どもが学校に行けない状態になり始めた当初は，保護者は子どもの「明日は行く」という言葉に一喜一憂する。子どもにとっては，「学校に行けないあなたも大切」というメッセージが伝わることが大切であるが，この時期には保護者にも混乱があり，このようなメッセージを発することは

難しい。焦る保護者の気持ちをいかに受け止めるかが課題となるため，SC 等と連携し，保護者の思いをじっくりと聞き，「この子の人生だから，学校に行く行かないは，まず本人に考えさせ，私は一緒に考えるようにしよう」など，子どもの状態を客観的に見つめる視点をもってもらうことも，ときには必要である。

　学校に行けない子どもや保護者の心理の理解や共感は不登校対応への第一歩である。学級担任や管理職など学校側が，ただ単に「学校に登校させる」という結果のみを目的にすると，子どもや保護者の心を傷つけるだけの結果に終わる場合もある。

(2) 的確なアセスメント

　不登校傾向がある・ないにかかわらず，子どもが欠席した場合は「なぜ休んだのか」を明確にしておくことが大切である。普段学校で全く心配がなさそうな子どもでも，保護者から「熱はないが，頭が痛くてだるいと言っている」「気持ちが悪くて吐きそうだ」などの身体的症状，「学校に行きたくないと言っている」「友だちから嫌なことを言われて休むと言っている」などの欠席の連絡が入るときがある。

　欠席するという保護者からの電話連絡を受けた際は，なぜ欠席するのかという理由を明確にしておく。欠席した際は，放課後に家庭に連絡を入れ，①その日の症状，②現在の状況，③一日何をして過ごしていたのか，④医者に行ったのかなどを確認することが大切である（小野，2015）。近年は，子どもがスマートフォンのゲームや SNS を通じていじめにあって不登校になるというケースも見られるが，このような情報は学校では得にくい。また，ときには家庭での状況が学校に行けない状態につながることもある。「前日に両親が大げんかをして心配になった」「最近，両親が離婚の話をしていて不安だ」「祖母が認知症で，両親が介護で忙しそうだ」などにより，子どもの心理的不安が強くなって保護者と離れづらくなり学校に足が向かなくなる例もある。保護者と連絡を取ることにより，子どもの家庭での過ごし方を知り，学校側が不登校傾向の子どもにどう接していけ

ばよいのかを考えるヒントを得られる可能性がある。

　幼稚園，保育所，認定こども園等では，保護者が子どもを送りに来た際や連絡帳などで継続的にコミュニケーションをとる機会が多く，子どもの様子を詳しく聞くことができる。就学前の子どもは，自分の思いを言葉で表現できないことも多く，教員と保護者の日常的なコミュニケーションが大切である。

　このような対応を，学校や幼稚園，保育所，認定こども園等の教職員で共通理解しておくことが必要である。子どもや家庭の実態把握はもちろんだが，担任によって対応が変わると，「A先生は連絡をくれるのに，B先生は連絡をくれないから冷たい。子どものことが嫌いなのではないか」など不信感を生むことにつながってしまう例もある。

　「ある日突然」に「学校に行きたくないと子どもが言っている」という連絡が保護者から入る場合がある。このような場合，前日や2週間程度以内に，登校を回避したくなるような何らかの原因があることが多く，焦らず時間をかけて子どもの話を聞くことが大切である。学校側は保護者にすぐに連絡し，相談することが望ましい。何があったかを明確にし，適切な対応をとることで子どもの不安を解消することが登校につながる。

　週に1〜2回程度の断続的な休みが続くケースも多くみられる。不登校の子どもはいきなり長期の欠席になるのではなく，数日の欠席が重なっていく例が多い。断続的な欠席が徐々に連続するパターンの場合，連続するようになった変わり目に何があったかを調べる。中学生の場合，苦手な教科を避けて休んでいて他の教科もわからなくなり，連続して休むようになるという例もある。さらに，「宿題が終わらなくて先生に叱られるかもしれない」「忘れ物をしたら先生に叱られるから行きたくない」などといった，教員の指導の仕方が理由で欠席する場合もある。その場合は，学級担任の指導が適切かを見直さなければならない。

　保護者によっては，子どもが「休みたい」と言うと，子どもの思いのままに休ませている場合もある。この対応は，子どもが家庭に留まる維持要因のひとつになる。神村（2019）は，不登校やひきこもりの相談は，そ

の大半が生活の乱れとネットやゲームへの過度の依存などの行為嗜癖の問題であることを指摘し，不登校や引きこもりの未然防止のための5原則を挙げている。

　原則①　学校がある日の昼間は学校でできないことは家でもできない
　原則②　平日の家庭の中は苦痛なほど退屈であったほうがよい
　原則③　登校が無理なほど体調が悪ければ，必ず受診する
　原則④　16 時以降と土日（長期休み）は自由な時間とする
　原則⑤　登校した・しないにかかわらず，即，学校と連携をとる

　この5原則は，子どもの意思を無視して登校させたり，休ませたりしないことを提案しているわけではなく，それでも休む選択肢をとりたがるなら，そこにかなりの深刻さがあると判断するための指標となる。
　一方，子どもに不安や心配なことが多くあり，心理的に疲れていることがうかがえる場合は，保護者が作った食事を家族みんなで食べ，ゆっくりとした一日を過ごして良好なコミュニケーションをとり，不安や心配事を話してもらうなどの対応が必要なときもある。
　不登校の初期段階には身体症状を呈して保健室に来室する子どもも多いので，養護教諭との連携も大切である。養護教諭は児童生徒の身体状況や心理状況を把握しやすい立場にあり，不適応のサインを見逃さないようにしている（島﨑・津田，2020）。普段から情報交換をしておくことで，不登校等の早期発見・早期対応の可能性が高い。

3 欠席が長期化している場合の対応──チームで対応

　学級担任として，すでに欠席が続いている子どもを受け持つ場合もある。その場合は，管理職や養護教諭，教科担任や部活動顧問，SC やSSW など，多くの人と連携することが大切である。幼稚園，保育所，認定こども園等では学級に複数の担任がいることも多く，登園できない子ど

もにどのような方針で対応するのか共通理解し，ときにはその方針を保護者に伝えておくと不安の低減につながる場合もある。一人で抱え込まず，チームとして対応することが多様な視点で不登校支援をすることにつながる。例えば，欠席が長期化している子どもが登校したいと言ったときの居場所を養護教諭に確保してもらう，管理職からも保護者に定期的に連絡を入れてもらう，SC に定期的に保護者の話を聞いてもらうなど，それぞれができることを分担して進めることで学級担任も心理的に楽になるはずである。

　欠席が長期化している子どもにとって，状況を変化させ一歩踏み出し教室に入ることには大きな壁がある場合が多い。教室に入る準備段階として，教育支援センター（適応指導教室）やフリースクールにおいて小集団に入る練習をする，相談室で教員や SC と 1 対 1 で，教室に入った際にどのようなことが起こりうるか想定して不安を低減するなど，子どもが教室復帰に向けての一歩を踏み出しやすい環境を整えることが大切である。その際，他機関との連携は遠回りのように見えて学校復帰を促すことも多い。

　不登校が長期化し，家庭の中でも自分の部屋に閉じこもったままだったりゲームに没頭したりなどの状態の場合は，何らかの手伝い（新聞を郵便受けから取ってくる，風呂洗い，ゴミ出し，食器運びなど）や，子どもの興味・関心を活かした行動（一緒にお菓子を作る，DIY で棚を作る，犬の散歩をするなど）を保護者にお願いしておき，行動を活性化しておくこともひとつの方法である。誰かの助けになるようなことを子どもにお願いしておき，取り組んでくれた場合は小さなことでも褒め，感謝を伝えていくこと（下島・辰巳，2016）は，子どもをひきこもりにしないためにも大切である。

　また，教員が定期的に家庭を訪問し，コミュニケーションをとっておくことが再登校につながることもある。例えば，「毎週金曜日の 4 時に来るね。元気だったら顔を見せてね」などと声かけをしておく。家庭を訪問した際に本人と保護者が許せば，学級担任がその子の好きなこと（ゲーム，

スポーツ，お絵かきなど何でもよい）に一緒に取り組む。その際，学校のことは口に出さない。家庭訪問が困難な場合は，管理職の許可を得てメールやオンラインなどでコミュニケーションをとるといった方法もある。信頼関係が深まってくると，子どもから学校の話題が出てくる場面がある。その際に，さりげなく「今，学校でこんなことをしているよ」と伝えるなど，ちょっとしたやりとりを積み重ねていくとよい。

4 再登校に向けての支援──焦らず柔軟な対応を

　子どもの意思が登校へ向いてきたら，子どもの気持ちを大切にしながら，放課後に玄関まで登校する，保健室や相談室などに登校する，別室と教室をオンラインでつないで視聴し雰囲気に慣れる，授業を1時間だけ教室で受けるなど，段階的に登校への支援を進めていく。一般に，いきなり教室に入れるという子どもはほとんどいない。その子にとって嫌なこと，苦手なことなどに段階的に触れていくことが，子どもの不安を解消し，登校につながっていく。学校側としては，受け入れ態勢を整え，教職員で不登校傾向のある子どもについて共通理解しておくことが大切である。子どもが勇気をもって遅刻して登校したにもかかわらず，事情を知らない教職員が「ちゃんと時間に間に合うように来ないとね」などの言葉かけをしてしまい，再び登校できなくなったなどの事例もある。

　登校を始めようとする子どもは，現実にはあり得ないような不安を持つことが多い。例えば，「Aさんに何か言われるかもしれない」「先生が○○を机の上に出しなさいと，突然言うかもしれない」などである。また，「明日は行く」と決めて準備を進め，朝になるとランドセルを担いで学校に行こうと玄関を出るが，数歩進むうちに不安に襲われて「やっぱり今日も行けない」という気持ちになる。このようなことが繰り返されると，子どもは「自分は，やってもだめだ」という思いをもつ。このようなときは，不安への具体的な対処方法を伝えたり，前進しようとした姿勢を認めたりしていくとともに，支援方法がその子に合っているか見直す必要

がある。

　不登校の子どもの教室復帰を妨げる要因のひとつとして，学力の低下が挙げられる。学校は，不登校期間中の未学習部分について個別の支援をするとともに，可能であれば予習もできると教室復帰に向けての安心材料となる。これらの対応は，不登校の再発を防ぐためにも重要である。

5　不登校未然防止の取り組み──小さな楽しみを作る

　山崎（2019）は，不登校という現象を「子どもと学校の関係性の障害の視点で捉えることから始め，子どもが学校に行けない・行かないということは，とにもかくにも子どもと学校の関係がうまくいっていないことは明確な事実である」と述べている。子どもと学校の関係性は，一度うまくいかなくなると，修復に時間がかかることが多い。学校は，子どもと学校の関係をよりよいものにするために，不登校の未然防止の策をとることが大切である。また，就学前の子どもの場合，幼稚園，保育所，認定こども園等への入園・入所当初は大きな環境移行を体験する。このため「行きたくない」と登園を渋ることがあり，保護者が混乱することも多くある。新たな環境に適応していく要因として「保育者」「基本的生活習慣」「遊び」の観点が大切（真嶋・岡山・高橋ほか，2017）である。保育者が遊びを基本とした園での生活に子どもが適応していく過程を的確に捉えて信頼関係を築き，新たな環境に自然と適応できるようにしていく。

　国立教育政策研究所（2014b）は，不登校の未然防止として「特定の児童生徒を想定せず，すべての児童生徒を対象に学校を休みたいと思わせない『魅力的な学校づくり』を進めることを目指します。授業や行事等の工夫や改善が基本です」としている。子どもが生き生きと活躍する楽しい授業や行事，休み時間の友だちとの関わりや一人の時間の保障など，楽しく安心感のある場面が多くあれば学校に行くきっかけとなる。

　また，学級担任が，子どもの得意なことや好きなことを見つけ，活かしていくことも大切である。「明日は得意な算数があるから楽しみだな」「明

日の給食は私の大好物のカレーライスだから待ち遠しいな」など，帰りの会などに翌日の楽しみな場面を思い浮かべさせて下校させるなども小さな工夫である。近い未来に苦手なことがあって不安であると感じている子どもには，教員が安心感を与える言葉かけをしたり，苦手な教科があれば保護者に勉強をみてもらうようお願いしたりと，マイナスの要素を補ってあげられる環境をつくるとよい。

　不登校対応は，一人ひとりの子どもに応じた方策が必要となり，その子どもに合った具体的な対応を取ることが大切である。ある子どもで登校につながった方策が別の子どもではうまくいかないということは不登校対応ではよくある。一人ひとりの子どもの状態をアセスメントした上で，それに対応する具体的な方策を考えていくことが重要である。

事例編　　　　　　　　**…設問つきワークシート（目次末尾参照）**

　以下の事例 1，事例 2，事例 3 について，教員・保育者（学校・園）がどのように対応するか，知識・技術編に示された視点から考えてみてください。

事例 1

　幼稚園年長の女子 A は 20 歳代の父親（会社員）と母親（主婦），A の 3 人家族である。母親は半年後に第二子の出産を控えている。父親は営業職で帰宅が深夜に及ぶことも多い。卒園まで 3 カ月になって「幼稚園に行くのいやだな」と毎朝言うようになった。A は特定の場面や友だちを挙げるわけではない。幼稚園の担任（30 歳代女性，経験年数 12 年）によれば，幼稚園では特に心配なこともなく，友だち関係も良好で，毎日の園生活を楽しんでいるとのこと。母親は A のことが心配で父親に相談しようとするが，休日も出勤する父親と十分な話し合いの時間が確保できず，ストレスがたまっている。母親は

Aが小学校に入学した際に，不登校になるのではないかと心配している。

事例 2

　小学 6 年生の男子 B は，30 歳代の父親（会社員）と母親（会社員），小学 3 年生の妹の 4 人家族である。学級担任は経験年数 3 年目の 20 歳代の女性である。ある日の朝，母親から「頭痛で休む。熱はない。一日，家で様子を見る」と連絡が入り欠席した。その日の夕方に担任が母親に電話をして様子を尋ねると「一日休んで頭痛もなくなった。明日は登校させる」とのことだったが，翌日は「朝になって頭痛がひどくなり，欠席する」と連絡がきた。3 日目に再び同様の理由で欠席したので母親に連絡したところ，「医者では特に心配ないと言われた。明日は朝の様子を見て考える」とのことだった。その後 3 日間連続で欠席し，欠席 6 日目に担任が家庭訪問をしたが元気な様子であった。両親は日中，仕事で不在にしており，ゲームなどをして過ごしているようだ。B からはこれまでに学校に行きたくないと訴えたことや不安などの訴えはなかった。B は穏やかで優しく，友だち関係のトラブルも想定されない。ただ，私立中学校の受験を目指しているもののテストの成績が下がっていることや体重が減少していることを担任は心配していた。

事例 3

　高校 3 年生の女子 C は，母親（自営業）と中学 2 年生の弟の 3 人家族である。両親は 3 年前に離婚し，父親は隣の市に住んでいる。C はバスケットボール部に所属し，学力は学年で中位程度である。学級担任は経験年数 18 年目で国語科を担当する 40 歳代男性で，C を高

校2年生のときから担任している。2年生の5月から「友だちとうまくやっていけない」「勉強が全く追いつかない」という理由で不登校となった。担任から見ると，Cは細かなことを気にしすぎているのではないかと思える。担任は週に1回家庭訪問を行い，Cと20分ほど話をしたり勉強をみたりする時間を設けてきた。2学期の始業式の後に，学級担任がプリントなどを持参すると，Cは「受験もあるし，そろそろ学校に行ってみようかな」と言い出した。どうやら登校しようという気持ちになったようだ。しかし「いきなり教室へ行くのは怖いから，しばらく保健室へ登校してみたい」という思いも持っているようで，担任は「できるかどうかわからないけれど，いろいろな方法を考えてみる」とCに伝えた。

■引用文献

あんふぁんWeb（2018）子どもが登園をイヤがったことある？　そのときの様子や対応についても教えて.〈https://enfant.living.jp/mama/docchi/665841/result/〉（2021年8月18日確認）

コノビー（2019）朝の「行きたくない〜!!」子どもの登園しぶりを経験する割合は？〈https://conobie.jp/article/14285〉（2021年8月18日確認）

神村栄一（2019）不登校・ひきこもりのための行動活性化──子どもと若者の“心のエネルギー”がみるみる溜まる認知行動療法. 金剛出版.

国立教育政策研究所（2014a）不登校・長期欠席を減らそうとしている教育委員会に役立つ施策に関するQ & A.〈https://www.nier.go.jp/shido/fqa/FutoukouQ&A.pdf〉（2021年5月6日確認）

国立教育政策研究所（2014b）不登校の予防. 生徒指導リーフLeaf14.〈https://www.nier.go.jp/shido/leaf/leaf14.pdf〉（2021年8月30日確認）

真嶋梨江・岡山万里・髙橋敏之・西山 修（2017）幼児の園への適応とその支援に関する文献展望. 岡山大学教師教育開発センター紀要, 7, 41-50.

未来へいこーよ（2016）GW明けの登園しぶり 子どもの「行きたくない」にどう向き合う？〈https://future.iko-yo.net/tips/14569/〉（2021年8月18日確認）

文部科学省（2020）児童生徒の問題行動・不登校等生徒指導上の諸課題に関する調査.〈https://www.mext.go.jp/content/20201015-mext_jidou02-100002753_01.pdf〉（2021年5月6日確認）

小野昌彦（2015）日本において不登校児童生徒数が減少しない要因に関する一考

察と対策提言——児童生徒の欠席理由別及び累積欠席日数毎の対応ガイドライン案の提案. スクール・コンプライアンス研究, **3**, 56–67.

柴 裕子・宮良淳子（2017）登校していた時期から不登校となり，不登校を続けていく当事者の思いのプロセス. 日本看護研究会雑誌, **40**(1), 25-34.

島﨑慶子・津田朗子（2020）中学校における不登校予防——養護教諭による支援. 学校保健研究, **61**(6), 366-371.

下島かほる・辰巳裕介（2016）不登校 Q & A——自信の笑顔を取り戻す 100 の処方箋. くろしお出版.

田中あかり（2019）新入園児 Y の登園場面の葛藤に寄り添う幼稚園教師の行動——情動へのアプローチに注目して. 保育学研究, **57**(3), 20-31.

山田達人・藤井 靖（2020）子どもの登校渋り経験と母親の心理的柔軟性との関連. 学校メンタルヘルス, **23**(2), 174–182.

山崎 透（2019）不登校支援の手引き——児童精神科の現場から. 金剛出版.

5章

いじめ

■ 予習課題 ■

----

1. 近年のいじめ事案の発生件数，認知件数はどのように推移していますか。文部科学省の統計データで調べてみましょう。

----

2. いじめ事案の未然防止には早期発見が欠かせません。早期に発見できないために重大事案になってしまうことがあります。なぜ早期に発見できないのか考えてみましょう。

----

3. いじめ事案の早期発見について，あなたならどのような方法を考えますか。学校現場の指導に活用できる発見方法について考えてみましょう。

5章

いじめ

高橋知己

■ はじめに ■

いじめ防止対策推進法が施行されたあとも，いじめ事案は増加し続けている。いじめ防止に関して，教育関係者や教育行政の担当者など多くの人々が懸命に取り組んでいるが，悲しい出来事は防げているとはいえず，早期発見・未然防止のためのより充実した対応が求められている。この章では調査データを基にしながら，早期発見のあり方について検討していく。

知識・技術編

1 いじめの実態

2013年に「いじめ防止対策推進法」が公布・施行されてから現在に至るまで，自死や不登校などのいじめの重大事案は依然として後を絶たない。文部科学省による「令和元年度 児童生徒の問題行動・不登校等生徒指導上の諸課題に関する調査」（2020［令和2］年10月22日公表，その後一部修正）の結果を報告した同年12月4日第128回初等中等教育

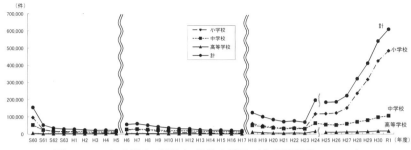

図5-1　いじめ発生（認知）件数の推移（文部科学省，2020a）

分科会資料では，いじめの発生件数や認知件数についてその傾向を図5-1のように示しながら，加えて表5-1のようにいじめ問題についての要点を報告している。ここではいじめの認知件数の増加，小学校の認知件数の増加，重大事態が最多になった，積極的な認知を行うこと，重大事態への適切な対応などについて指摘しているが，いじめ認知件数の増加に対する危惧が浮き彫りになっているといえよう。報告の中にもあるように，積極

表5-1　令和元年度　児童生徒の問題行動・不登校等生徒指導上の諸課題に関する調査結果の概要（文部科学省，2020b より一部抜粋）

〈いじめ〉

● 小・中・高等学校及び特別支援学校におけるいじめの認知件数は 612,496 件（前年度 543,933 件）であり，前年度に比べ 68,563 件（12.6 ％）増加。児童生徒 1,000 人当たりの認知件数は 46.5 件（前年度 40.9 件）。

● 過去 5 年間の傾向として，いじめを認知した学校の割合が大幅に増加しており（H26：56.5 ％→ R 元：82.6 ％），学校種別においては，小学校の認知件数が大幅に増加している（H26：122,734 件→ R 元：484,545 件）。

● いじめの重大事態の件数は 723 件（前年度 602 件）であり，前年度に比べ 121 件（20.1 ％）増加し，いじめ防止対策推進法施行以降で最多となっている。

● いじめの認知件数が多い学校について，「いじめを初期段階のものも含めて積極的に認知し，その解消に向けた取組のスタートラインに立っている」と極めて肯定的に評価。いじめの防止等の対策は，いじめが行われなくなるようにすることを旨として行われなければならないが，いじめ防止対策推進法に基づき，認知すべきものは適切に認知し，対応しなければならない。また，認知されたいじめのうち 83.2 ％は年度末時点では解消している。

● 一方，重大事態の件数の増加は，憂慮すべき状況。いじめ問題に適切に対応することで，限りなく件数を零に近づけるべきではあるが，いじめ防止対策推進法に基づき，取り上げるべきものは適切に取り上げなければならない。

的にいじめを認知しようとすることで解消に向かう取り組みを行うことができると肯定的な認識を示しているが，学校現場においては，いじめの認知件数が増えていくことにはやはり抵抗を感じるというのが実際の感覚である。

いじめの早期発見や解消のために，各学校・園等（以下，学校）においては，アンケートを実施したり，教育相談の回数を増やしたりと，近年はいじめ防止に積極的に取り組んでいるにもかかわらず，こうした増加傾向が続いているのはなぜなのだろうか。

2 なぜ早期発見できないのか

ここで指摘しているように，学校ではいじめの初期段階のものも含めて積極的に認知し対応することが求められており，早期発見・未然防止が大きなポイントとなる。いじめの重大事案が起きることを防ぐためにも未然防止は欠かせないのだが，重大事案の多くは早期発見できなかったために起きている。そこで筆者は，教員志望の大学生と大学院生を対象に「いじめを早期発見しにくいのはなぜか？」という調査を実施し，回答を分析してみた。

調査は約250人を対象に行われ，協力してくれた79名分の回答を分析の対象とした。複数回答可とする自由記述による合計381項目の回答を分析し，早期発見を困難にする理由として考えられる項目を，次のように〈I 児童生徒の要因〉〈II 学校・教員の要因〉〈III 発見方法の不備〉の3つのカテゴリーに大別したあと，19のサブカテゴリー（項目）に分類した（表5-2）。

こうした大学生・大学院生の反応は，年齢的にも子どもたちの感覚からそう遠くないと考えられるが，子どもたちを指導する教員の意識はどうなっているのかを探るために，さらにこの調査で抽出された19項目を用いて「どの項目が早期発見にとって重要と考えるのか」という設問により，2つの県の教員約300人と2つの大学の教員志望の大学生約400人

表5-2　早期発見しにくい理由

〈Ⅰ　児童生徒の要因〉
1.　加害者の要因
　　①隠そうとする：ばれないようにしている。陰でやる。仲良しを装う。
　　②加害者のポジション：加害者がクラスで上位の子。先生と仲がいい。
2.　被害者の要因
　　③援助要請できない：相談や援助要請ができない。親や周囲に心配かけたくない。
　　④自己評価維持：いじめと認めたくない。本人が隠す。
3.　周囲の状況
　　⑤悪化懸念：仕返しが怖い。チクッたと言われる。悪化する。
　　⑥学級や周囲の雰囲気：周囲が無関心。見て見ぬふり。クラスの雰囲気が悪い。
　　　関わるのは面倒と考える。
　　⑦次の被害者になるこわさ：ターゲットが変わる。次にいじめられたくない。
4.　社会的な要因
　　⑧いじりといじめ：いじりなのかいじめなのかわからない。気づけない。軽く考
　　　えている。定義があいまい。
　　⑨子ども社会の特性：子ども社会特有の閉鎖性。大人に相談しないという暗黙の
　　　ルールがある。
　　⑩コミュニケーションの希薄さ：関係性が希薄。コミュニケーションがとれない。
〈Ⅱ　学校・教員の要因〉
1.　学校・教員のシステムの要因
　　⑪教員や大人と児童生徒の信頼関係：教員と児童生徒の信頼関係がない。大人に
　　　相談してもどうにもならないと考えている。
　　⑫教員の多忙感：教員に児童生徒の話を聞く余裕がない。教員と接する時間が少
　　　ない。
　　⑬学校の隠蔽：学校がいじめを認めない。
　　⑭教員間の情報共有の不十分さ，温度差：情報共有が不足している。教員のいじ
　　　めに対する認識に違いがある。
2.　担任の要因
　　⑮担任が抱える：担任の先生が一人で解決しようとしてしまう。
　　⑯問題視しない：担任が問題視しないことがある。担任が見て見ぬふりをする。
〈Ⅲ　発見方法の不備〉
1.　可視化の必要性
　　⑰可視化の必要性1：教員の見えないところで起きている。トイレや学校の外な
　　　どの死角。
　　⑱可視化の必要性2：教室内だけではなくネットやSNSのいじめがある。
2.　調査方法
　　⑲不十分な調査：アンケートにうそを書けば結論づく。本当のことを回答すると
　　　は思えない。

表5-3　主な要因としてあげられた項目
（〇は選択された上位5項目，△は同数選択項目）

要因番号	主な要因	A県 教員	B県 教員	C大学 1年	D大学 2年
①	加害者	〇	〇	△	〇
②					
③	被害者		〇	△	〇
④					
⑤	周囲の状況	〇	〇	〇	〇
⑥				△	
⑦		〇	〇		
⑧	社会的な 要因				
⑨					
⑩					
⑪	学校や教員				
⑫					
⑬					
⑭					
⑮	担任				
⑯					
⑰	可視化	〇			
⑱		〇	〇	〇	〇
⑲	調査方法			〇	〇

　の4グループを対象として調査を行ってみた。各グループで多かった回答の上位5項目を表5-3に示してある。なお，C大学では上位4番目の項目が3つあったため6項目を示してある。
　ここで4グループが共通してあげているのが，①隠そうとする，⑤悪化

懸念，⑱可視化の必要性２（SNSなど）であり，３グループがあげている
のが，③援助要請できない，２グループがあげているのが，⑦次の被害者
になるこわさ，⑲不十分な調査，１グループのみがあげていたのは，⑥学
級や周囲の雰囲気，⑰可視化の必要性１（トイレなど）であった。

3 早期発見のための視点

　この結果から，早期発見にとって重要であるとする回答には，教員と大
学生に共通した認識および異なった認識があることがわかった。

　加害者，被害者，周囲の状況の各項目に早期発見の阻害要因が潜んでい
るということは共通した認識である。「可視化しにくいSNSやインター
ネットを介したいじめ」「死角で起きるいじめ」は見つけにくく，「現在行
われているいじめの調査では十分ではないのではないか」，といった点に
ついてはグループに共通する危惧であるといえよう。

　また，社会的な要因や学校や教員，担任の要因は，どのグループからも
あげられておらず，少なくとも早期発見の主要な要因とは考えられてはい
ない。むしろ事案発生後の解決のための努力や必要なポイントとして位置
づけられているのではないかと思われる。

　注意したいこととしては⑦，⑲の項目が，現職教員と大学生の選択で大
きく異なっている点である。教員は「次の被害者になるのがこわい」とい
う気持ちが早期発見を妨げているということを要点と考えているが大学生
はそれほどでもなく，逆に大学生は「調査の不十分さ」を重要なポイント
としてあげているのに教員はそうはとらえていない。それぞれの視点や立
場の違いが表れていると思われる。

　こうした指導者としての教員が感じる早期発見のポイントと，より子ど
もの目線に近いと思われる大学生のポイントの共通性と違いについては，
認識の一致やずれが生じる理由を含めて検討することが，より早期発見を
進めていくことに有効であると思われる。

　いじめの問題は，発生後のいわゆるクライシスマネジメントも重要であ

るが，重大事案に至らせないためのリスクマネジメントが欠かせない。そのためにも早期発見に努めることをあらためて銘記したい。

事例編　　　　　　　**…設問つきワークシート（目次末尾参照）**

　以下の事例1，事例2について，教員（学校）がどのように対応するか，知識・技術編に示された視点から考えてみてください。

事例 1 ---

　中学2年生の男子Aは，男子B，男子Cと同じ小学校に通っていた。やがて中学校に進学し，AはBとは違うクラスになり，Cとは同じクラスになったが，その後2年生になり，AはBおよびCと同じクラスになり，男子Dも含めて4人グループを作って遊ぶようになった。数カ月がたち，AとDとの間にささいなことからけんかが起こり，Dがグループから抜け，それからは再びA，BおよびCの3人グループとなった。

　AはBおよびCに対し，たびたび個人的な感情をぶつけたり，冷たい態度をとったり避けたりしており，とくにBに対しては最も信頼できる友だちであり，自分のことをわかってくれるとの思いから強くあたることがあった。Aが怒るたびにBがAとの関係を修復するため，とりあえず謝ることでその仲が元に戻ることが何度も繰り返されていた。

　BおよびCは，しばらくの間，Aのふるまいに関して，Aが怒ることを怖れるあまり，本人に対してそのことを言えないでいたが，やがてCは，Aの言動に対する我慢が限界になったことから，Bに対してAと距離を置くことを話した。

　AはBの様子がおかしくなってきたことから，Bを廊下に呼び出したところ，BはAに対して，「（Aと）一緒にいられない」「クラスの

みんなも（Aに対して）気を遣っている」旨を告げた。なお，Bがその場にCも呼んだため，Cも立ち会っていた。

　その後，BとCはAに対して態度を変えたため，そのことにAはショックを受け，さらにAはクラス全体から距離を置かれていると感じるようになった。ある日，Aは泣きながら学級担任のところに行き，「クラスのみんなから無視され，いじめられている」と訴えたのであった。

事例 **2**

　小学5年生の教室で，5月のゴールデンウィーク明けに，掲示板に貼ってあったおたよりの中の男子Eの顔の部分に落書きがされ，さらに画鋲が刺されているという事案が起きた。これに気づいたEが学級担任に申し出たところ，担任はその日の帰りの会のときに全員に対して「こういうことはしないように」という注意を行った。これで解決したと思った担任は管理職へ特に報告はしなかった。

　やがてプール学習が始まった。するとEの服が隠されるということが起きた。担任とEが探したところ，更衣室の隅にあるごみ箱の中から見つかった。「みんなに注意しようか」と担任が声をかけると，「いいです。面倒くさいから」とEが答えたので，担任はそのままにしておいた。その日は金曜日だったが，保護者にも伝えようと考えた担任は放課後電話した。しかし，保護者は出なかったので，そのまま帰宅した。

　週が明けて月曜日の朝，Eの母親が直接学校に来て，担任と校長に，これまでEはたびたびものを隠されたり，無視されたりしていること，嫌がらせを受けていることなどを，怒りに声を震わせながら話した。「学校はどういう指導をしているのか。これはいじめではないのか」と強く訴えたのであった。

■引用文献

文部科学省（2020a）令和元年度 児童生徒の問題行動・不登校等生徒指導上の諸課題に関する調査結果について.〈https://mext.go.jp/content/20201015-mext_jidou02-100002753_01.pdf〉（2021 年 4 月 27 日確認）

文部科学省（2020b）令和元年度 児童生徒の問題行動・不登校等生徒指導上の諸課題に関する調査結果の概要.〈https://www.mext.go.jp/kaigisiryo/content/20201204-mxt_syoto02-000011235_2-1.pdf〉（2021 年 4 月 27 日確認）

6章

暴力行為

■ 予習課題 ■

1. 学校の管理下における暴力行為の発生件数はどのように推移していますか。文部科学省の統計データで調べてみましょう。

2. 少年非行とはどのような行為ですか。少年法を調べてみましょう。

3. 児童生徒の暴力行為について，あなたならどのような対応をしますか。学校での対応，専門家や外部機関との連携の視点から考えてみましょう。

6章

暴力行為

森 慶輔

■ はじめに ■

　文部科学省が毎年度実施している「児童生徒の問題行動・不登校等生徒指導上の諸課題に関する調査」によると，令和元年度の学校の管理下における暴力行為の発生件数は 78,787 件であり，中学生や高校生では横ばいないしは減少傾向にあるものの，小学生では平成 26 年度より急激に増加している。近年の暴力行為は，1980 年前後をピークとする校内暴力とは質的に異なっているといえる。こうした状況をふまえて知識・技術編では暴力行為の現状と学校での対応のあり方について解説し，事例編では実際にどのように対応すべきか検討する。

知識・技術編

1　暴力行為と少年非行

　子どもの暴力行為は，その多くが学校や家庭で生じており（例えば，図 6-1），教育的な支援・指導により対応することが多いが，こうした行為

が様々な刑罰法令に触れるような行為であると学校や家庭だけで対応することは難しくなり，専門機関が対応することになる[1]。こうした行為を行う子どもは非行少年[2]と呼ばれる。非行とは少年法の概念であり，14 歳以上 20 歳未満の少年による「犯罪行為」，14 歳未満の少年による「触法行為」（刑罰法令に触れるが，刑事責任を問われる年齢に達していないため刑事責任を問われない），および 20 歳未満の少年による「虞犯」（その行為自体は刑罰法令に触れないが，補導の対象となる行為。例えば，家出，不純異性交遊，不良交友など）の総称である。さらに少年法上の規定はないが，飲酒，喫煙，深夜徘徊なども警察が補導的措置を行う行為である。

　こうした非行少年に対する法的処遇は，その未熟さゆえに環境の影響を受けやすいという背景を考慮し，また年齢的に若く，それゆえ可塑性に富んでいて，矯正の可能性が高いと考えられることからも，刑罰を科すのではなく保護処分（保護観察[3]，児童自立支援施設[4]送致，少年院[5]送致）となるのが原則となっている。しかし 1990 年代以降，少年による凶悪で特異な事件が相次いで報道され，少年法の保護主義が批判されるようになり，2000 年，2007 年，2014 年と 3 度にわたって厳罰化の方向で法改正が行われ，2022 年 4 月から全件家裁送致は維持しながらも，18，19 歳を特定少年として，成人と同様の刑事手続きを取る検察官送致（逆送）の対象犯罪が拡大される。

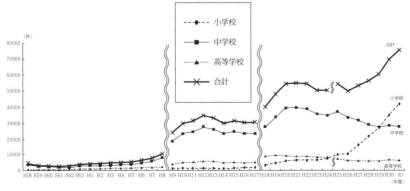

図6-1　学校の管理下における暴力行為発生件数の推移（文部科学省，2020）

2 暴力行為の推移

　「少年非行に関する世論調査」（内閣府，2015）によると，少年による
重大な事件が増えていると感じる人が 78.6 ％に上っている。1997 年の
神戸・連続児童殺傷事件，1998 年の栃木黒磯・男子中学生の教師刺殺事
件，2000 年の佐賀・西鉄バスジャック事件，2004 年の長崎佐世保・小
6 女児同級生殺害事件，2007 年の福島会津若松・母親殺害事件，2015
年の川崎・中 1 男子生徒殺害事件など，凶悪で特異な事件がセンセーショ
ナルに報道されたためか，少年非行は増加しているような印象を受ける。
しかし，実際に増加しているのだろうか。

　令和 2 年版犯罪白書によると，少年による刑法犯の検挙人員（触法少
年の補導人員を含む）の推移は，1951（昭和 26）年，1964（同 39）年
および 1983（同 58）年をピークとする 3 つの大きな波が見られる。そ
の後，1996（平成 8）年から 1998（同 10）年および 2001（同 13）年
から 2003（同 15）年にそれぞれ一時的な増加があったものの，全体と
しては減少傾向にあり，2012（同 24）年以降は毎年戦後最少を記録し続

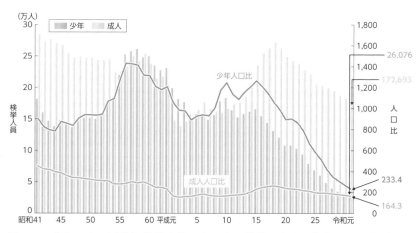

**図6-2　少年による刑法犯検挙人員・人口比の推移：令和 2 年版犯罪白書（法務
　　　省，2020）**

け，2019（令和元）年は戦後最少を更新した（図6-2）。校内暴力事件の事件数および検挙・補導人員は1980年代後半がピークで，その後は大きく減少し，2019年は618件，690人であった。検挙・補導された者は中学生が圧倒的に多い状況が続いていたが，2014年以降，中学生の検挙・補導人員および総数に占める構成比が減少・低下し続ける一方で，小学生は2012年から増加傾向にあり，2016年以降は高校生を上回っている。

3 問題行動（暴力行為）への学校の対応

⑴ 問題行動の背景を理解する

　学校での対応の大前提は，なぜ暴力をふるってしまったのかという背景を理解し，目の前の行動のみに焦点を当てた対応をしないということである。暴力をふるう子どもは，対人不安や疎外感が強く，物事を被害的にとらえやすい傾向があり，また他者から肯定的な評価を受けることが少ないので，自己評価が低く，自尊心が傷ついていることが多い（村松，2002）。彼らは周囲の大人たちとの人間関係のもつれがきっかけとなり暴力をふるっていることが多く（鈴木，1998；衣斐，1999），こうした子どもに対して力で抑える（行動を抑止する）ととらえられかねない生徒指導的な関わりをすると，かえって教員への反発を強め，不適切な行動を増長させるからである。また大河原（2002）が指摘するように，こうした子どもは自分の否定的な感情を「言葉」ではなく「暴力」という不適切な形で表現してしまう。自己の感情を制御し，適切に表現できるようになるためには，否定的な感情も肯定的な感情と同等に価値のあるものとして大人から承認されることが必要である。不幸な境遇に意地になって突っ張り，劣等感に悩んでいる，こうした子どもに受容・共感的にアプローチし（藤田，2002），こうした子どもが抱える，やり切れない怒り，悲しみや敵意といったものをあるがままに受け入れ，真に共感的理解を示す（藤森，1990）という努力が求められる。

⑵ 学校内で連携を図る

　生徒指導全般にいえることであるが，特に暴力行為への対応では，教職員間で認識や対応にばらつきが少ない，一貫した援助・指導が不可欠である。羽間（2003）は，学校では「反社会的問題行動は生徒指導」「（不登校やいじめなどの）非社会的問題行動は教育相談」という棲み分けが行われやすいことを指摘しているが，バラバラな対応ではなく，学校全体で統一して対応していくという姿勢を持つとともに援助チーム（石隈，1999）を組織し，それが円滑に機能するように管理職，生徒指導主事などがコーディネーターの役割を果たすことが重要である。そして，そこにスクールカウンセラー（以下，SC）などが参画することで，よりよい対応策が形成されることが期待できる。小田・羽間（2005）では，サポートチームや個別支援会議を設けることにより，SCと教員の持っている情報が統合され，一貫した指導が可能になったことが報告されているが，情報の共有だけでなく行動レベルでの連携が必要なことは言うまでもない。

⑶ 外部機関と学校が連携する

　遊間（2002）が指摘するように，問題行動を扱う際には現状の正確なアセスメントと今後の見通しを持った上での対応が必要不可欠である。学校における暴力行為のアセスメントは武田・鈴木・森ほか（2008）に詳しいが，外部機関との連携の目安は表6-1が参考になる。表6-1にもあるように暴力行為の深刻さの度合いに加え，学校生活からの逸脱の度合い，その時点における家庭の養育力の評価などの観点から検討を行い，現状の把握と今後の変化の見通しを正確にアセスメントし，暴力行為が深刻になる前に他機関との連携を図ることが重要である。学校は警察との連携に抵抗感を持ちやすいようであるが，近年は学校と外部機関との連携によるサポートチームなどが編成されるようになりつつあり（龍島・梶，2002），こうした取り組みは一定の成果をあげている（矢作，2003；表6-2）。

　深刻な暴力行為を見逃さず，専門家と協働して取り組むことが，その後

表6-1 反社会的問題行動と外部機関との連携の目安：スクールカウンセラーの
役割に焦点を当てて（武田ら，2008）

	タイプ0	タイプ1	タイプ2	タイプ3
行動のレベル	軽 度	軽 度 ～ 中 度	中 度 ～ 重 度	重 度
集団との関係	単独または校内少人数の非行問題行動傾向のグループ	単独または校内非行グループ	校内非行グループや校外の非行グループとのつながり，など	年長非行グループや非行グループとのつながり，など
学校適応	普通～やや逸脱	やや逸脱	逸脱または不登校気味	逸脱または不登校
家庭の状態	協力を期待できる	あまり協力を期待できない	あまり協力を期待できないか，家庭が機能していない	協力を期待できないか，家庭が機能していない
校内連携	・教育相談担当 ・生徒指導担当 ・（スクールカウンセラー）	・生徒指導担当 ・教育相談担当 ・スクールカウンセラー	・生徒指導担当 ・教育相談担当 ・スクールカウンセラー	・生徒指導担当
校外連携	特に必要ない	状況の変化に応じて，児童相談所・教育相談機関・警察少年サポートセンターなどとの連携を検討	地域の関係機関（児童相談所・教育相談機関・警察少年サポートセンター・警察署ほか）でサポートチームを構築し，チームでの支援を実施	司法機関（家庭裁判所・警察署など），福祉機関（児童相談所など）の介入を求める
スクールカウンセラーの役割	・本人・家族への支援 ・教師へのコンサルテーション	・状況の変化に応じたアセスメント ・教師へのコンサルテーション ・校内におけるサポート体制のコーディネーション ・関係機関に援助を求める時期の判断	・状況の変化に応じたアセスメント ・教師へのコンサルテーション ・サポートチーム（学校内外のメンバーによる）のコーディネーション	・司法機関の介入を提言 ・生徒への支援体制のアドバイス
問題行動の例	校内での問題行動（教師に対する反抗，授業妨害など）のみ	授業のエスケープなど学校生活からの逸脱が目立ちはじめ，悪化の方向に向っている	地域の非行グループとの関係が深まり，学校・家庭から逸脱した生活が常習化しつつある	長期の家出，非行グループとの深いつきあい，薬物の問題など

表6-2　少年サポートチームの具体例（矢作，2003）

【万引き・援助交際・夜間徘徊・無断外泊に関わる連携】

(1)　サポートチーム編成までの経過
　校長のリーダーシップのもと校内サポートチームを編成し指導体制を取り対応してきたが，限界を超える問題行動であったため，学校からの報告を受け，学校に助言・指導をしてきた市教育委員会は，少年サポートチームに切り替えた。理由としては，A子（中学2年女子）の問題行動が校外で行われていること，他校生徒との付き合いがあること，成人男性との付き合いが考えられること，家庭の教育力に期待ができないことから学校だけでは対応が困難であると判断し，少年サポートチームを編成して対応することとした。
(2)　少年サポートチームの構成
　市教育委員会（学校教育課・総合教育支援センター），在籍中学校，他校の中学校，警察，保護司会
(3)　各関係の対応・連携の経過
　（警察）虞犯少年として補導
　（家庭裁判所）短期保護観察処分
　（保護司）少年と母親同伴での話し合いの場をもつ。少年は，「学校へ通って集団の中で学習することは出来ないが総合教育支援センターの適応指導教室へなら通うことができそうである」ことから，学校へ報告
　（学校）市教育委員会，総合教育支援センターと協議し，保護者の考えや希望を聞きながら適応指導教室へ通級を認めることとした。
(4)　状況の変化，成果と課題
　少年補導員や生活安全課の警察官と話をするようになり，将来の希望を話すようなった。しかし，登校はできず，時折，夜の徘徊はまだ見られることからも，各機関のかかわりは継続。

注）少年とあるが，司法や社会通念上では性別を問わない。本事例の少年はA子のことを指している。

の暴力行為の“歯止め”にもなり，結果としてその子ども自身を守ることになることも多い。もし警察の介入によって，子どもやその家族の心を傷つける懸念があるなら，むしろそのケアも念頭におきつつ支援を展開していくべきである。

以下の事例1，事例2について，教員（学校）がどのように対応するか，知識・技術編に示された視点から考えてみてください。

事例 **1**

　中学3年生の男子Aは小学生のときから暴力行為が目立ち，友だちから怖がられている存在だった。中学校入学後にはAを中心に数人の非行グループができ，教員に反抗したり，友人をなぐって怪我をさせたりしていた。茶髪やピアスなどの服装の乱れ，喫煙，飲酒，深夜徘徊や授業のエスケープなどの逸脱行為も目立った。トイレでタバコを吸っているところを教員に見つかり厳しく叱責されたのをきっかけに，授業中に机や椅子を投げ飛ばしたり，注意した教員になぐりかかったりするなどの過激な行動も見られるようになった。授業妨害が激しく，他の生徒への悪影響が懸念されるため，Aらに空き教室を開放して，この部屋を使うように指示した。学校側は彼らを隔離することで問題の解決を図ろうとしたが，彼らは部屋の机やドアを壊したり，壁に落書きしたりするなど，破壊的行為はエスカレートしていった。教員への暴行と教室での破壊行動については所轄警察署生活安全課や警察少年センターに相談し，校内暴力を起こした生徒には5日間の出席停止[6]の措置がとられた。学校でも様々な対応をしてきたが問題行動が収まらないため，「社会的責任を感じ，反省のきっかけにしてほしい」という校長の考えもあり，これ以上こうした行為をエスカレートさせないための抑止策として，この措置に踏み切った。

事例 **2**

　小学4年生の男子B，C，Dの3人は認定こども園から同じクラス

に在籍する児童である。Ｃはクラスで体格がよく，腕力も強く，普段から粗暴な行為が目立つため，クラスの児童は怖がり，関わらないようにしていた。ＤはＣの言うこと，やることにただ従うだけだった。一方Ｂは，成績はよいが，引っ込み思案のおとなしいタイプであった。ある日の授業中にＣがＢにちょっかいを出しところ，学級担任から注意を受けた。Ｃは逆恨みし，Ｄをさそって児童用トイレで待ち伏せをして，ＤがＢを羽交い締めにし，ＣがＢを蹴ったり，殴ったりした。手を出したのはＣとＤだが，ＣがＢに暴力を振るっているところを見た同級生は見て見ぬふりをした。家に帰ったＢは「ＣやＤが暴力を振るったり，ちょっかいを出したりするので学校が嫌だ。転校したい」と泣きながら母親に訴えた。その日のうちにＢの母親から担任に，暴力の内容とＢの気持ちを伝える電話があった。その中で担任は母親から，認定こども園のときからＣやＤの粗暴な行動に悩まされていたことを聞かされた。翌日，担任はＣとＤの両親に昨日の出来事を知らせたが，ＣとＤの両親は，「うちの子だけが悪いのか。一方的に言われて不公平だ」と反発した。

注
１）学校外の専門機関の概要については生島（2003）などを参照されたい。
２）法律用語としての少年は，男女の別を問わず，20歳に満たない者を，児童は18歳に満たない者を意味する。
３）施設に収容することなく，社会内で生活させながら，保護観察所，保護司の指導監督の下，少年の更生を図る処分であり，原則として20歳に達するまで（その期間が２年に満たない場合には２年間）または保護観察が解除されるまで，保護観察官または保護司から，改善更生のために必要な指導監督および補導援護を受ける。
４）不良行為をなし，またはなす 虞（おそれ）のある児童および家庭環境その他の環境上の理由により生活指導等を要する児童を入所させ，または保護者の下から通わせて，個々の児童の状況に応じて必要な指導を行い，その自立を支援し，あわせて退所した者について相談その他の援助を行うことを目的とした施設である（児童福祉法第44条）。
５）再非行を犯す虞が強く，社会での更生が難しい場合には，少年院に収容して

矯正教育を受けさせる。少年院では，再び非行を犯すことのないように少年に反省を深めさせるとともに謝罪の気持ちを持つように促し，あわせて規則正しい生活習慣を身につけさせ，教科教育，職業指導をするなど，全般的な指導を行う。2015（平成 27）年 6 月に施行された現行少年院法第 4 条により，第 1 種から第 4 種に区分されている。

6 ）公立小学校および中学校において，学校が最大限の努力をもって指導を行ったにもかかわらず，性行不良であって他の児童生徒の教育の妨げがあると認められる児童生徒があるときは，市町村教育委員会が，その保護者に対して，児童生徒の出席停止を命ずることができる（学校教育法第 26 条，第 40 条）。

■ 引用文献

藤森晋一（1990）クライエント中心療法に基づく援助. ［岡堂哲雄編　講座心理臨床の実際 3　非行の心理臨床. 福村出版, 32-50.］

藤田博康（2002）非行臨床における実践的アプローチモデル. 心理臨床学研究, **20**, 76-88.

羽間京子（2003）スクールカウンセラーをめぐって――歴史, 現状と課題. 犯罪と非行, **136**, 122-132.

法務省（2020）令和 2 年版犯罪白書. 〈http://www.moj.go.jp/content/001338452.pdf〉（2021 年 2 月 17 日確認）

衣斐哲臣（1999）子どもの反社会的問題行動に対する家族援助――児童相談所における介入モデル試案. 心理臨床学研究, **17**, 225-236.

石隈利紀（1999）学校心理学――教師・スクールカウンセラー・保護者のチームによる心理教育的援助サービス. 誠信書房.

文部科学省（2020）令和元年度 児童生徒の問題行動・不登校等生徒指導上の諸課題に関する調査結果について. 〈https://www.mext.go.jp/content/20201015-mext_jidou02-100002753_01.pdf〉（2021 年 2 月 17 日確認）

村松 励（2002）暴力をふるう子――そのメッセージの理解と指導技法. 学事出版.

内閣府（2015）少年非行に関する世論調査. 〈https://survey.gov-online.go.jp/h27/h27-shounenhikou/index.html〉（2021 年 2 月 17 日確認）

小田将史・羽間京子（2005）校内サポートチームについて. 千葉大学教育実践研究, **12**, 47-54.

大河原美以（2002）臨床心理の立場から――子どもの感情の発達という視点. こころの科学, **102**, 41-47.

龍島秀広・梶 裕二（2002）非行における臨床心理的地域援助. 臨床心理学, **2**, 223-231.

生島 浩（2003）非行臨床の焦点. 金剛出版.

鈴木康明（1998）教師が行う発達援助活動――暴力的で無気力な男子高校生の事

例から. カウンセリング研究, **31**, 43-51.

武田明典・鈴木明美・森 慶輔・遊間千秋（2008）スクールカウンセラーによる反
社会的問題行動生徒への関わり――実践からの課題. 国立青少年教育振興機構研
究紀要, **8**, 103-114.

矢作由美子（2003）少年サポートチームの現状と課題――非行少年の心のサイン
が聞けるチーム作りへ. 教育研究所紀要（文教大学付属教育研究所), **12**, 69-78.

遊間千秋（2002）非行の相談. 臨床心理学, **2**, 197-202.

付記：本稿は森 慶輔・鈴木明美「暴力行為――学校での問題行動」（本間友巳編著
『学校臨床』，pp.52-65，2012 年，金子書房）の内容・構成を一部変更し
て掲載している。

7章

発達障害

■ 予習課題 ■

1. 小中学校における発達障害のある児童生徒の教育の場としては
どのような形態があり，現在それぞれの教育の場でどのくらい
の児童生徒が学んでいるか，文部科学省の統計データで調べて
みましょう。

2. 授業のユニバーサルデザインの実際について，国立特別支援教
育総合研究所のホームページから調べてみましょう。

3. 発達障害のある児童生徒の保護者への支援について，身体障害
のある児童生徒の保護者への支援と異なる点を調べてみましょ
う。

7章

発達障害

加藤哲文

■ はじめに ■

　　文部科学省は，2012年に「通常の学級に在籍する発達障害の可能性のある特別な教育的支援を必要とする児童生徒に関する調査」（文部科学省，2012a）を実施した。その結果は，学習面または行動面で著しい困難を示す者が6.5％，学習面で著しい困難を示す者が4.5％，行動面で著しい困難を示す者が3.6％，学習面と行動面ともに著しい困難を示す者が1.6％となり，小学校あるいは中学校の通常の学級において，発達障害の可能性のある児童生徒が推定値で6.5％在籍していることが示された（文部科学省，2012a）。つまり，30人程度の通常の学級において1〜2人程度の発達障害の可能性のある児童生徒が在籍していることになる。そこで知識・技術編では，通常の学級における発達障害の特性のある児童生徒の支援について解説し，事例編では小学校と高等学校における発達障害のある児童生徒の問題について検討をしていく。

1 障害のとらえ方

　わが国では"障害"という用語が使われているが，国際的には，世界保健機関（WHO: World Health Organization）の「国際生活機能分類（ICF: International Classification of Functioning, Disability and Health)」（世界保健機関，2002）が標準となってきている（図7-1）。ICFでは"障害"の概念を，誰でも経験する可能性のある"健康面の変調"（これは疾病の場合もあるし，先天的あるいは中途の障害があるといった状態も含まれる）が生活機能に及ぼす程度ととらえている。これによって"健康面の変調"が心身機能・身体構造（健康状態），活動（日常生活の活動），参加（社会参加）といった各レベルに支障を及ぼす程度について，周囲の環境要因と個人要因からとらえていくことを可能にした。

　端的にいえば，従来の障害のとらえ方は，個人が被った問題なのでその解決はその個人にのみ委ねられたのに対し，昨今では周囲の環境を改善したり周囲が歩み寄ることで，個人が被っている不自由さや不便さといった"障害"を解決できる方向に変わってきた。このような障害のとらえ方は

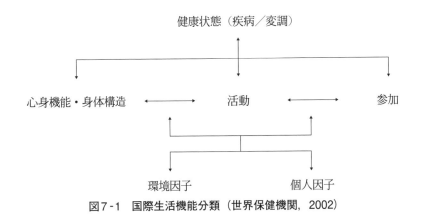

図7-1　国際生活機能分類（世界保健機関，2002）

これから解説する発達障害のある児童生徒の理解と支援において大きな影響をもたらしているといえるだろう。

2 インクルーシブ教育システムとは

「インクルーシブ教育システム」(inclusive education system: 包容する教育制度) とは，2006 年に国連総会において採択された「障害者の権利に関する条約」において定められている教育に関する理念のことである。すなわち，①人間の多様性を尊重し，障害者が精神的および身体的な能力等を可能な最大限度まで発達させ，自由な社会に効果的に参加すること，②障害のある者と障害のない者が共に学ぶ仕組みであり，障害のある者が「教育制度一般」から排除されないこと，③自己の生活する地域において初等中等教育の機会が与えられること，④個人に必要な「合理的配慮」が提供されることである（文部科学省，2012b）。合理的配慮とは，障害のある子どもが他の子どもと平等に「教育を受ける権利」を享有・行使することを確保するために，学校の設置者および学校が必要かつ適当な変更・調整を行うこととされる。また合理的配慮を否定することは，障害を理由とする差別に含まれるとされている（障害を理由とする差別の解消の推進に関する法律：障害者差別解消法）。つまり合理的配慮は特別な支援を必要とする児童生徒に対して必須であり，これを提供しないことは障害者に対する差別にあたるとされている。

3 発達障害とは

"発達障害" とはどのように定義されているのであろうか。わが国では，医学，教育，福祉などの分野ごとに定義されている。

医学の分野では，米国精神医学会の診断基準（DSM-5）や，世界保健機関の国際疾病分類（ICD-10）が代表的である。わが国の診断基準もこれらの日本語版が用いられている（例えば，『DSM-5 精神疾患の分類と

診断の手引き』〔American Psychiatric Association, 2014〕）。

　このDSM-5によると，いわゆる“発達障害”は，「神経発達症／神経発達障害（Neurodevelopmental Disorders）」という用語が用いられ，その下位分類の中には，「知的能力障害（Intellectual Disabilities）」，「自閉スペクトラム症／自閉症スペクトラム障害（Autism Spectrum Disorder）（以下，ASD）」，「注意欠如・多動症／注意欠如・多動性障害（Attention-Deficit/Hyperactivity Disorder）（以下，ADHD）」，「限局性学習症／限局性学習障害（Specific Learning Disorder）（以下，LD）」などが含まれている。これらは基本的な症状の有無や，日常生活や社会的生活場面において臨床的に不適応状態が生じていることが診断の根拠となっている。診断は一人の対象者において複数の診断名がつけられる場合もある（例えばASDとADHDなど）。わが国ではこのようなDSM-5やICD-10の基準を参考に医師が診断を行っている。また福祉の分野においては，わが国では「発達障害者支援法」という法律によって定義されている。すなわち発達障害とは，「自閉症，アスペルガー症候群，その他の広汎性発達障害，学習障害，注意欠陥多動性障害，その他これに類する脳機能の障害であって，その症状が通常低年齢において発現するもの」で，「発達障害及び社会的障壁により日常生活又は社会生活に制限を受けるもの」とされている。教育の分野においても，発達障害者支援法に基づき「発達障害」という用語を用いている（文部科学省，2007）。

　以上のように“発達障害”という概念には，医学や教育などの各分野において独自の基準が存在する。特に医学の分野では発達障害については知的障害を含んでいるが，福祉や教育の分野では知的障害を含まないものとしている。

4 発達障害のある児童生徒の実態と困っている問題とは

　ここでは，通常の学級に在籍している「発達障害のある，あるいは可能

性のある児童生徒」（以下，「発達障害のある児童生徒」）の実態について説明し，彼らが困っている問題について，発達障害のある児童生徒の学級集団への適応の問題と，学級に所属する他の児童生徒に生じる問題について取り上げる。

(1) 発達障害のある児童生徒の実態について

　学校の通常の学級において，発達障害の特性のある児童生徒に学級集団への適応の問題が生じている。発達障害のある児童生徒には，発達の遅れ（同じ年齢の児童生徒の大多数に可能な発達の諸側面の遅れ），発達の偏り（認知や行動のアンバランスさが，通常見られる年齢相応の範囲を超えている），発達の歪み（年齢相応の認知や行動の特徴としては見られない状態）といった特性があるとされている。このような特徴は，学習，日常生活，対人関係や社会性の面などに学級適応上の問題として現れる。そこで，発達障害のある児童生徒が困っている状況を把握するために心理教育的アセスメントが必要となる。次に代表的なアセスメントについて紹介する。

①学力面

　まずは学力などに影響を及ぼす知的な遅れの有無についてアセスメントを行う必要がある。これには知能検査が用いられ，田中ビネー知能検査やウエクスラー式知能検査（WISC™-Ⅳなど）がある。しかし知能検査の結果からは知的な遅れが見られないにもかかわらず，通常の学級には「学習面で著しい困難を示す」児童生徒が4.5％在籍しているとされている。知的能力と学力のアンバランスな状態を示す児童生徒の知的・認知的な特徴を把握することは，学習の支援という点からも重要である。このような状態を示す場合は，WISC-ⅣやKABC-Ⅱなどの検査が用いられる。特にWISC-Ⅳでは知能指数（IQ）のみならず，認知面の特徴を調べるための4種類の「指標得点」を算出することができる。これらは，言語理解，知覚推理，ワーキングメモリー，そして処理速度といわれる指標である。そしてこの4種類の指標得点間の比較を行うことで，その児童生徒の学力

などに影響していると考えられる要因を推定していく。特にLDやADHDのある児童生徒には，全体的な知能に遅れはないものの特定の指標得点が低かったり，アンバランスさが大きいことが問題となる。そしてこのような特定の認知能力の落ち込みやアンバランスさが学習に及ぼす影響を調べて，苦手な部分の対策や得意な側面の促進に向けた支援を行っていく。

②対人関係や社会性の面

これは，ASDやADHDなどの発達障害のある児童生徒の生活面での適応スキル（S-M社会生活能力検査やVineland™-Ⅱ適応行動尺度など）や，症状や行動の特徴のアセスメント（PARS®-TR，Conners 3®，ADHD-RS-Ⅳなど），各種の社会的スキル尺度がある。これらの結果から，学級での生活におけるルール理解や，人間関係に関わる問題について，その特性を把握することで支援の対策を考えていく（例えば，社会的スキル訓練など）。

③行動面

行動面の問題については，学級などの集団場面で，パニック，他害，破壊，自傷，ルール不遵守などのいわゆる問題行動に関するアセスメントが必要となる。このアセスメントは，問題行動が起こる前後の状況を観察・調査する（これを，応用行動分析学におけるABC分析法という）ことで，問題行動の起こりやすい要因や習慣化している要因を推定することを目的としている。例えば，ADHDのある児童生徒であれば，多動性・衝動性といった特性から授業中に離席などがあったり，ルールに従わずに発言を繰り返したりといった問題行動が起こりやすくなる。またASDの児童生徒であれば，見通しをもった行動が取りにくく混乱をしてパニックになったり，こだわりを押し通したりといったことが問題となる。このような場合はABC分析法を用いて，問題行動の前後の状況と問題行動との関係をアセスメントすることで，問題行動が起こりにくい環境調整や，問題行動を習慣化させている状況を取り除く対応を取ることができる。

④心理面

　発達障害のある児童生徒は，日常生活で生じる様々な失敗経験や，周囲の不適切な対応によるストレスなどが重なり，精神的な不調が生じることが多い。具体的には，不安，抑うつ，強迫症状などが生じたり，行動面の問題としては，攻撃的な言動や非行問題，不登校や引きこもり状態に展開する例もある。これらの背景には，周囲の不適切な対応によって自己有能感や自尊感情が低下するといった心理面の問題があるとされている。このように，障害の特性に心理面の影響が重なって，行動面などに重篤な問題を生じさせることは「二次障害」とよばれている。図 7-2 は ADHD のある児童生徒に二次障害が生じるメカニズムを示したものである。

　図のように，ADHD の基本的な特性として多動性・衝動性や不注意傾向があるが，これらが直接的に問題行動を引き起こすわけではない。ADHD の基本的な特性によって，集団生活の場で教科学習をはじめ，コミュニケーション，社会性，感情や行動のコントロールなどを学んで習得する機会が少なくなる。その結果，未学習（本来学ぶべき内容が学習されない），学習不足（学習が不足している），誤学習（誤った学習をしている）の状況が起こると考えられている。このような状況で学齢期以降の学級集団に入ると，日々の生活において誰にでも起こりうる，体調の不良や不快な状態，生活環境や対人関係の不良状態（状況要因）に対して，我慢をしたり，うまく対処することが難しくなると考えられる。その結果，ちょっとした日々のきっかけ（誘発要因）が，離席，不規則発言，他者への攻撃的言動といった問題行動を引き起こしやすくなる。理由や事情はともあれ，問題行動が起こると周囲から叱責や注意などの対応がなされることになる。これらが繰り返されることによって発達障害のある児童生徒は，失敗感や不安感，挫折感などを感じることが多くなり，自己有能感や自尊感情が低下することになる。これが二次障害のメカニズムと考えられる。心理的な問題としては，抑うつや不安感も強くなるので，問題行動がエスカレートしたり，不登校や引きこもりといった状態になる場合もある。また ADHD のある児童生徒の 30 ～ 50 ％が反抗挑発症を，25 ～

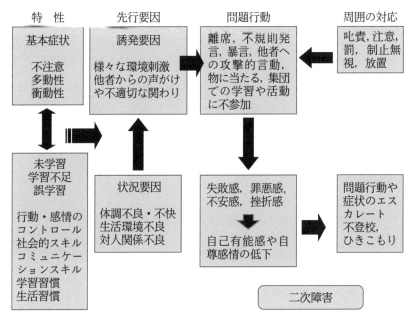

図7-2　ADHD の二次障害のメカニズム（井上，1999 をもとに作成）

32 ％が素行症を合併していたとする報告もあり（原田，2019），特に生徒指導面で大きな問題となることも指摘されている。

(2) 発達障害のある児童生徒が在籍している学級で生じる問題

　ここでは，発達障害のある児童生徒が在籍している学級で生じる問題と，それらが学級担任をはじめ学級のすべての児童生徒に及ぼす影響を検討していく。学級では，授業や様々な活動（朝の会や帰りの会，給食，清掃，学級会，休み時間，行事等）の多くが，原則すべての児童生徒が参加することになっている。それらの中で発達障害のある児童生徒にとって参加が難しい授業や活動があった場合，指導や支援を受け入れたり一緒に取り組むことに抵抗して，不適切な行動をする児童生徒もいる。また他の児童生徒と“一緒に”学習や活動を行うことが難しい児童生徒もいて，特に班学習やペア学習といわれる，児童生徒同士で学習や活動をすることが苦

手な児童生徒もいる。その結果，発達障害のある児童生徒が不適切な行動をすることが増え，授業の進行が妨げられたり，学級で行う活動が混乱したりする場合もあるだろう。授業中の離席，他の児童生徒へのちょっかい，勝手な発言，指示に従わずに勝手に行動することなどがその典型例である。また，個に応じた配慮を行おうとしても本人が拒否したり，他の児童生徒から不満が出るといった問題に直面することもある。

⑶ 問題に対する対応とは

　それでは，上述したような発達障害のある児童生徒が学級適応上で困っている問題や，学級で生じる問題に対して，どのように支援を進めていったらよいのだろうか。

①発達障害のある児童生徒の学級適応のための支援

　発達障害のある児童生徒の支援は，校内支援体制のもとで進めていく。そのためには校内委員会を組織し，そのもとで特別な教育的支援を必要とする児童生徒の「個別の指導計画」や「個別の教育支援計画」を作成して計画を実施していく。また校内で特別支援教育を推進するために，管理職が「特別支援教育コーディネーター」を指名し，校内のすべての教職員がチームになって支援を行う（笹森・大塚，2018）。特別支援教育は，従来の教科指導や生徒指導・生活指導と一体化して進めていくことが重視されている。実際に指導や支援を行うためには，学級担任のみならず校内のすべての教職員が校内委員会の主導の下に役割を分担して支援を行っていく必要がある。さらに通級指導教室や特別支援学級の弾力的運用なども活用して，発達障害のある児童生徒の学習支援や，社会的スキルやコミュニケーションスキルの指導も行う。また学校外からの支援者としては専門家チーム（医師，大学等の専門家，特別支援学校の教員など）や，スクールカウンセラー（以下，SC），スクールソーシャルワーカーなど，専門機関としては医療，福祉，司法等の専門機関，民間の施設（放課後等デイサービスなど）も含めて様々な資源を活用していくことを「チーム学校」とよ

んでいる（半田，2020）。

　学級全体で行う支援　具体的に学級で行う支援としては，学級担任を中心として行う支援がある。しかし学級担任はすべての児童生徒を対象として指導や支援を行っているので，一斉の指導についていけない場合は学習支援員やチームティーチングといった複数の教員による指導を行ったり，習熟度別の小集団ごとの指導が実施される。発達障害のある児童生徒にとっては，授業をはじめあらゆる活動において，学級全体の指導や支援のみでは参加が難しい場合もある。そこで彼らに配慮した指導の工夫が必要となる。その代表的な取り組みが「授業のユニバーサルデザイン」である。これはすべての児童生徒にとって学習や生活がしやすい学級環境や，指導方法の構築を目指したものである。これらは発達障害のある児童生徒にとっては必須の支援になる（古田島・古田島，2020）。具体的には，集中を促す工夫や，わかりやすい授業の工夫，学習ルールや学習の仕方を教えるための工夫などがある。授業のユニバーサルデザインは，多様な学び・学び方の特徴をもつすべての児童生徒にとって，学習内容が"わかる，できる"ようになることを目的としている。さらにこの取り組みを行うことで特別な教育的支援の必要な児童生徒のニーズをより的確に把握し，さらに配慮された授業の支援に生かしていくことが可能となる。また社会性や人間関係面の支援としては，学級全体での社会的スキル訓練などの心理教育がある。これらによって発達障害のある児童生徒を含む学級集団で，お互いの理解や人間関係の構築が可能となる。

　対象児童生徒への支援　発達障害のある児童生徒にとって，他の児童生徒と学習をしたり集団生活を送っていくためには先に示したような発達障害の特性からもたらされる不便さや不自由さが生じる。そこでこれらを解消するために特化した支援が必要となる。これを「合理的配慮」という。学校における「合理的配慮」の主要な観点としては次のようなものがある。①教育内容・方法として，学習上または生活上の困難を改善・克服するための配慮，学習内容の変更・調整，情報・コミュニケーションおよび教材の配慮，学習機会や体験の確保，心理面・健康面の配慮などである。

また②支援体制として，専門性のある指導体制の整備，幼児児童生徒，教職員，保護者，地域の理解啓発を図るための配慮などがある。さらに，③施設・設備の整備としては，校内環境のバリアフリー化，発達障害の状態および特性等に応じた指導ができる施設・設備の配慮があげられている（文部科学省，2012b）。特に発達障害のある人への合理的配慮については周囲からわかりづらく見えにくいとの指摘もある。したがって一般的な意味での"気遣いや配慮"では，本人の被っている不便さや不自由さを解消することが難しい場合もある。授業のユニバーサルデザインのように，まずは可能な配慮を講じて，それでも困っている状況にいち早く対応できる変更や調整が必要である。また発達障害の特性からもたらされる困難さや不利益を克服するための指導や支援のみならず，本人の特徴を生かした学習や活動の参加方法を工夫することも重要である。例えば本人の技能や能力に合った学習の仕方や内容を最大限認めて達成感を伸ばすための指導や，学習や活動の参加の仕方を教えることなどが重要である。

　二次障害への対応　先に述べた二次障害への対応としては予防が最も重要である。例えば ADHD の症状（多動性・衝動性，不注意傾向，感情のコントロールなど）については，医療機関で投薬を受けることで緩和が期待できる。しかしこれらは一定時間にのみ効果がある場合が多い。そこで一定時間落ち着いていたり注意が集中できているときに，学習や活動での成功体験を積ませることが重要となる。薬の効果によって成功したことでも十分に褒めたり励ますことで，自己有能感や自尊感情の低下を予防することにつながるだろう。しかし二次障害がより重篤になっている場合は，個別的なカウンセリングや教育相談が必要となる。このような支援については学級担任のみならず SC などと連携して実施したり，専門機関へつなぐことも重要である。

②学級で生じる問題への対応

　発達障害のある児童生徒の支援を学級で行うことは重要であるが，それを効果的に進めるためには学級集団のあり方を検討する必要がある。つま

り発達障害のある児童生徒が参加できる学習の仕方や内容，学習やその他の生活上のルールの設定も必要である。例えば先に紹介した授業のユニバーサルデザインを取り入れながら，発達障害のある児童生徒にとって必要な部分はさらに細かい支援を行っていく。しかし合理的配慮としての支援は，ときとして学級担任が実施できなかったり，発達障害のある児童生徒本人や保護者に抵抗感があったり拒否される場合ある。このような状態になると合理的配慮の実施が難しくなることもある。しかし障害者差別解消法では，合理的配慮の拒否は差別に当たると明記されているため，合理的配慮を実現させるための様々な工夫が必要である。まずは，合理的配慮への抵抗感や支援を拒否する場合には，学級全体を"個別への配慮や支援"を受け入れやすい風土に変えていく必要がある。そのためには，一人ひとりの児童生徒に対して，多様な目標，課題，評価を積極的に導入すること，特に個々人の目標を達成するための努力や取り組みを十分に賞賛し，肯定的に評価しつづけることが必要となる。また"少数派"である合理的配慮が必要な児童生徒にスポットライトが当たるような課題や活動を用意することも，発達障害のある児童生徒に自信をつけたり，他の児童生徒との人間関係を作るのに効果的である。「みんな違っていいよ」というメッセージを，発達障害のある児童生徒を含むすべての児童生徒，そして保護者にも伝えるような学級経営を進めていく必要があるだろう。このような取り組みは，互恵的な学級づくりにつながり，学級の児童生徒がお互いに支援をし合ったり学び合うことにつながるだろう。

5 保護者への支援と教育相談

⑴ 保護者のストレスとは

　発達障害のある児童生徒をもつ保護者のストレスの要因としては次のようなものがある。すなわち，しつけや関わり方など子育ての仕方がわからないこと，学校などで生じるトラブルや問題について障害の特性からくる問題ではなく，保護者の子育てが原因とされること，学校や専門機関など

の関係者との関わり，孤立した環境で子育てをしていること，将来の見通しが立たないことなどである。中田（2009）は，発達障害のある子どもを育てる保護者には「慢性的悲哀」という心理的状態が存在しているとしている。すなわち，発達障害のあるわが子を育てる過程において，悲哀や悲嘆が常に保護者の内面に存在し，家族のライフサイクルで起きる普通の出来事がきっかけとなり悲哀や悲嘆の再燃が繰り返されているのである。したがって保護者からの様々な言動が慢性的悲哀の中で生じているとも考えられる。このような保護者の心理面を理解しながら教育相談をしていく必要がある。

⑵ 医療機関やその他の専門機関を勧める際の留意点

　発達障害の可能性のある児童生徒を担任している場合，学級担任は保護者に医療機関等を勧めることがある。学級担任からすると医療機関を受診してもらうことで，学校で生じている問題の原因を特定し，投薬などの医療によって問題の改善を期待するのであろう。しかし保護者の立場からすると，学校側が"○○○障害"というラベルづけをしたいから勧めていると思い，受診に抵抗感を覚えるかもしれない。保護者が受診を決意するまでに葛藤があり，障害受容にも紆余曲折があるので，学校の担当者はこのような保護者の心理面を理解することが必要である。そして医療機関を受診する目的やメリットを十分に説明することで，学校と保護者が一体になって専門機関と関わっていくことが望ましい。

⑶ 発達障害のある児童生徒の保護者に対する相談のポイント

　通常の学級に在籍する発達障害のある児童生徒の保護者には，次に示すような状況にある場合が多い。おのおのの状況をよく理解して相談を行っていく必要がある。

①わが子の障害に気づいていない可能性のある保護者の場合

　保護者によっては，わが子に知的な遅れがみられないと障害の特性に気

づかなかったり，"障害"という言葉を受け入れられないことがある。このような保護者の気持ちを理解しつつ，知的な遅れがなくても学習や生活上不便な点があって児童生徒本人も辛い思いをしていることを説明する。その上で子どもの特性を十分に説明することが必要となる。具体的には，得意な点・よい点を取りあげ，家庭での状況を聞き取りながら心配点などを確認する。そして学校生活で懸念されるところを手順を踏んで説明し，そのための支援の筋道や対応策を説明することが重要である。

②わが子の特別扱いに対して抵抗感や拒否感のある保護者の場合

保護者の中にはわが子に見られる発達障害の特性が"軽い"ととらえて，特別扱いを拒否する場合もある。その背景には"特別扱い"をされるわが子が学級集団から排除されたり，差別意識が起こりやすいという懸念があると考えられる。様々なニーズのある児童生徒への教育的配慮を学級経営全体に浸透させることで，特別扱いという意識を軽減することができる。また学級で配慮をすることへの抵抗感を軽減するために，小さな配慮の取り組み（実は特別な配慮）の成果を児童生徒本人の成長や努力の結果として報告し特別な配慮の理解を進めていくとよいだろう。

⑷ 連携した相談体制をつくる

保護者の支援については，学級担任のみならず全校支援体制によって行うことが効果的である。学級担任のみに任せると，保護者との信頼関係がうまく築けていない場合は担任が疲弊することもある。したがって管理職をはじめ，学年主任や特別支援教育コーディネーター，SC などと連携して保護者支援を行うことが重要である。

事例編　　　　　　　　…設問つきワークシート（目次末尾参照）

以下の事例 1，事例 2 について，教員（学校）がどのように対応するか，知識・技術編に示された視点から考えてみてください。

事例 1

　通常学級に在籍している小学4年生の男子Aは，4年生になってから授業中に勝手な発言が目立ってきており，周囲の児童からも不満が出るようになった。学級担任は，再三注意をして指導をしてきたが改善されなかった。そこで校内委員会で対応を相談することになった。担任から指摘されている問題は，Aが授業中に勝手な発言をすることで，授業が中断する，そして他の児童にも大声や私語が目立つようになり授業の進行が妨げられるようになることである。

　教職3年目の担任は学年主任であるB教諭に相談したところ，発達障害の可能性があるので保護者に病院受診を勧めることと，授業中の勝手な発言に対してはもっと厳しい指導をすることが重要だと言われた。勝手な発言とは，担任が全員に発問をしたときに，挙手をするルールがあるにもかかわらずいきなり答えを言ったり，他の児童が答えているときに自分の答えを大声で言ったりすることである。Aの学習成績は全般的に高く，算数，理科，社会科などは得意な教科だが，黒板に書かれたことをノートに写したり，自分の考えを書いたりすることは苦手なようである。担任はAの言動やトラブルの原因について，それらが障害からきているのか，それとも保護者のしつけや家庭環境などからきているのか悩んでいる。

　そこで保護者に学校での様子について相談をしたが，保護者は家庭では聞き分けはよく，学校でみられるような言動で困っていないとのことであった。そして病院受診についても，「うちの子どもは勉強がまったくできないわけではないので頭の病気ではない」と言って拒否している。担任は，Aが授業中に勝手に発言するのをがまんして皆と同じように授業に参加できることを願っている。

事例 2

　全日制高等学校普通科 2 年生の女子 C は進級を控えているが，欠席や遅刻が多く，学年末が近づくにつれ出席日数が問題となっている。この学校では出席日数は履修単位認定に大きな影響があることは C もわかっていた。学級担任は進級が危ういことを保護者に伝え，まずは毎日登校することや，自主的に学習の補充を続けることを提案した。また担任が学年主任に相談したところ，「高校生なのだから自主的に学習に取り組むべきで，やらないなら本人の自己責任だ。本人がやる気にならないとどうにもならない。あとは保護者に任せるしかない」と言われた。

　保護者によると，C はこれまで，小学校就学前に行った知能検査では知的な遅れはなかったが，小中学校時代から数学（算数）は苦手であった。特に計算や図形問題については，小学 6 年生の時点で 2 学年以上の遅れがあると言われたこともある。そのほかに，注意を集中して話を聞いたり，自分で考えを頭の中でまとめたりすることも苦手ということだった。また中学生のときにも登校渋りや遅刻はあったが慢性化することはなかったとのことである。高校進学にあたって本人は専門学科を希望したが，保護者の強い希望で学力的に入学しやすい公立高校の普通科を受験したところ合格して現在に至っている。

　現在，学校や家庭でも学習意欲は低くなっており，授業に出席することの困難さに拍車をかけているようである。家庭ではタブレットでゲームをやったりしているが，ときどきタブレットで学習問題などを行うこともある。また，たまたま数学の担当教員が空き時間に本人の補充指導を行ったが，教室とは異なり教員に話しかけたり質問をしたりして 30 分ほど集中して学習に取り組んでいた。しかし，定期的にこうした個別指導を行うことは忙しくてできないとのことで，このような機会は単発で終わった。

　C はしばらく欠席が続いたので教室に入りづらいようである。高校

7章　発達障害　　107

卒業後の進路については本人からの希望や目標は出ていないが，保護
者は大学進学を希望している。

■ 引用文献

American Psychiatric Association 著，日本精神神経学会監修（2014）DSM-5
精神疾患の分類と診断の手引き. 医学書院.

半田一郎編著（2020）スクールカウンセラーと教師のための「チーム学校」入門.
日本評論社.

原田 謙（2019）「キレる」はこころの SOS——発達障害の二次障害の理解から.
星和書店.

井上とも子（1999）注意欠陥・多動性障害への教育的アプローチ——情緒障害通
級指導教室での指導を中心に. 発達障害研究, 21(3), 35-43.

国立特別支援教育総合研究所ホームページ 〈https://www.nise.go.jp/nc/〉

古田島真樹・古田島恵津子編著，加藤哲文監修（2020）学習のユニバーサルデザイ
ン——みんなにやさしい授業の実践. ジアース教育新社.

文部科学省（2007）特別支援教育について「発達障害」の用語の使用について.
〈https://www.mext.go.jp/a_menu/shotou/tokubetu/main/002.htm〉
（2021 年 8 月 5 日確認）

文部科学省（2012a）通常の学級に在籍する発達障害の可能性のある特別な教育的
支援を必要とする児童生徒に関する調査結果について.〈https://www.mext.
go.jp/a_menu/shotou/tokubetu/material/__icsFiles/afieldfile/2012/
12/10/1328729_01.pdf〉（2021 年 8 月 19 日確認）

文部科学省（2012b）共生社会の形成に向けたインクルーシブ教育システム構築のた
めの特別支援教育の推進（報告）.〈https://www.mext.go.jp/b_menu/shingi/
chukyo/chukyo3/044/houkoku/1321667.htm〉（2021 年 8 月 5 日確認）

中田洋二郎（2009）発達障害と家族支援——家族にとっての障害とはなにか. 学習
研究社.

笹森洋樹・大塚 玲（2018）特別支援教育概論 II 特別支援教育のシステム. ［上野
一彦・室橋春光・花熊 暁編　特別支援教育の理論と実践 I ——概論・アセスメ
ント. 金剛出版, 35-50.］

世界保健機関（WHO）著，障害者福祉研究会編（2002）国際生活機能分類（国際
障害分類改訂版）. 中央法規.

8章

精神障害

■ 予習課題 ■

1. 本書では精神障害と統一して表記しますが，精神疾患との概念の違い，発達障害や知的障害との違いについて整理してみましょう。

2. 学校教育上特別な配慮を必要とする児童生徒のうち，精神障害が原因となる児童生徒数はどのように推移していますか。保健室利用状況を元に調べてみましょう。

3. 精神障害を有する児童生徒に，あなたならどのような対応をしますか。スクールカウンセラー（以下，SC）やスクールソーシャルワーカー（以下，SSW）との校内での連携，外部機関（医療機関等）との連携について考えてみましょう。

8章

精神障害

増井 晃

■ はじめに ■

　　精神障害は，児童生徒にとって不登校，いじめ，暴力行為，自殺，性の問題，虐待など，本書でも取り上げている様々な精神保健課題の原因であったり，逆にそれらの結果として発症したりすることもある。また，精神保健課題相互も密接に関係しているので，単元ごとの学習だけでなく，精神障害を含め総合的に理解できるよう発展的に学習を深めてもらいたい。知識・技術編では，精神障害の基礎知識だけでなく医療機関との連携を含め解説し，事例編では，遭遇する機会が高いと思われる事例を学校種別に提示した。

知識・技術編

1　精神障害の定義と分類

(1) 精神障害の動向

　厚生労働省の統計によると，平成29年度の精神疾患を有する総患者数は419.3万人であり，平成14年度の約1.6倍に増加している。診断別

では長きにわたって統合失調症圏[1]が最多であったが，平成17年以降は気分障害圏が最多となり，直近の調査では神経症性障害圏に次ぐ3番目と，精神科医療における疾病構造の変化が認められている。また，年々増加する精神疾患の患者数を背景に，厚生労働省では平成25年度からは「がん，脳卒中，急性心筋梗塞，糖尿病」に新たに精神疾患を加えて5大疾病として医療計画に記載することを通知した（厚生労働省，2012）。

(2) 精神科診断の意義

精神科診断は精神医学の経験則に基づく伝統的診断（従来診断）と国際的に統一された操作的診断基準[2]に大別される。世界保健機関（WHO）による国際疾病分類第10改訂「精神および行動の障害」（以下，ICD-10）[3]はわが国の医療行政等で使用され，一方，米国精神医学会による精神疾患の診断と分類の手引き第5版（以下，DSM-5）は臨床研究領域で使用されることが多く，両者とも知的障害や発達障害を精神障害のカテゴリーに包含している。

DSM-5は操作的診断基準であるが，診断に必要となる精神症状を列記するだけでなく，「その障害は，臨床的に意味のある苦痛，または社会的，職業的，または他の重要な領域における機能の障害を引きおこしている」と，単に症状の有無や症状の個数だけではないことが明記されている。

いずれにせよ，診断とはあくまで患者（本書では児童生徒）の医学的治療方針を定めるために医療者が決定するものである。学校側の対応方針への方向づけにはなるが，教育上の配慮については専門家任せにせず，学校側が主体的にアセスメントしなければならない。

(3) 疾患と障害

わが国における精神医療は，「精神保健及び精神障害者福祉に関する法律」（以下，精神保健福祉法；1990年）に基づいて実施されており，精神障害者を「統合失調症，精神作用物質による急性中毒又はその依存症，

知的障害，精神病質その他の精神疾患を有する者をいう」と定義している。精神保健福祉法が医療と福祉の両面を扱うため，一般身体疾患と比較すると，精神疾患に罹患している者と精神疾患のため回復しがたい機能障害を有する精神障害者の区分が明確にされていない。

　障害者に支給される障害基礎年金の対象となる精神障害は，精神1級は「常時の援助が必要なもの」，2級は「日常生活が著しい制限を受けるもの」と定義されている[4]。また，精神保健福祉法では精神障害に含まれるパーソナリティ障害や神経症は，たとえ重度かつ慢性であっても障害認定の対象から除外されている。つまり，精神疾患や精神障害の定義については，使用場面や関係法令によって異なる[5]ため，本書では，両者を含めて「精神障害」と表記する。

2 児童生徒の精神障害——保健室利用調査から

　厚生労働省では，毎年，精神保健福祉資料（通称630調査）によりわが国の精神科医療の状況を公表しているが，児童生徒の受療状況については年齢区分で「20歳未満」に包含されており，校種別の統計を知ることはできない。深草・森山・新平（2017）は数種の統計結果から精神障害を有する児童生徒数について，小学生で0.15％，中学生0.27％，高校生0.67％と推計している。同じく間接的ではあるが，現状を知る別の手段として「平成28年度保健室利用状況に関する調査報告書」（日本学校保健会，2018）がある。この調査結果によると，心身の健康問題で保健室を利用する児童生徒には，学校種別で特徴があることがわかる（表8-1）。小中学校では発達障害（疑いを含む）に関する問題が，一方，睡眠障害，リストカット等の自傷行為に関する問題，不眠等の睡眠障害に関する問題など大半の項目では中学校・高等学校で顕著になっている。

　知的障害や発達障害は別の章でも扱われているため，本章では中学校・高等学校の生徒に生じやすい精神障害を中心に論じることとする。

表8-1　心の健康に関する主な事項（学校種別）
（日本学校保健会，2018をもとに改変）

（千人当たりの児童生徒数）単位：人

	心の健康に関する主な事項	小学校	中学校	高等学校
1	不眠等の睡眠障害に関する問題	0.5	2.5	2.7
2	過換気症候群	0.5	3.7	3.6
3	過敏性腸症候群	0.3	2.1	3.2
4	上記3以外の心身症に関する問題	0.7	2.6	2.8
5	性に関する問題	0.3	2.0	2.0
6	拒食症や過食症等の摂食障害に関する問題	0.3	0.9	1.1
7	リストカット等の自傷行為に関する問題	0.3	4.3	2.4
8	精神疾患（統合失調症，うつ病疑いを含む）に関する問題	0.3	2.0	2.6
9	発達障害（疑いを含む）に関する問題	24.2	21.2	8.9
10	その他	0.8	2.0	2.9
	合計	28.2	43.3	32.2

3 精神障害の理解と対応

(1) 精神障害の背景を理解する

　統合失調症や躁うつ病（双極性障害）などいわゆる「内因性精神病」あるいは「精神病圏」の原因については仮説レベルに留まっているが，不安障害や適応障害などいわゆる「神経症圏」では，その発症に心理的要因やストレス因子が大きく関与していることに疑いはない。精神障害の早期発見には，児童生徒個々のストレス状況を把握しておくことに加え，身体的な変調が先行する場合もあるため日々の健康観察も重要である（文部科学省，2014）。

　近年注目されている心的外傷後ストレス障害（PTSD; 12章参照）は，本人や近しい人の生死に関わるような外傷体験の後に生じる状態である。

学校内においていじめや暴力行為に遭遇した場合，学校外では事故や性犯罪等，あるいは虐待の被害者となった場合などは，危機管理としても特に注意が必要である。

⑵ 精神障害を理解する
①正しい知識や臨床現場を理解する
　精神科診断によっては，心理的反応として領解可能な正常範囲か逸脱しているのか判断に迷う場合もあるため，教員が精神障害に対する基礎知識を持ち，個人の判断に固執しないようにしたい。一例として，不登校の定義は，「何らかの心理的，情緒的，身体的あるいは社会的要因・背景により，登校しないあるいはしたくともできない状況にあるため年間 30 日以上欠席した者のうち，病気や経済的な理由による者を除いたもの」とされているが，筆者が行った小中学校の教員を対象とした調査では，精神障害に関連する状況については病気であることを理由に不登校と扱わないと回答したものは 48 ％に過ぎなかった（未発表データ）。こうした教員間の個人差を解消するためにも，校内研修に精神科医師を招聘し，専門知識の整理と精神科臨床の現場を知る機会を持つことは重要である。また，その研修を機に精神科医師との個人的な連携が構築でき，児童生徒に医療機関を紹介する際にも有用である。

②障害を持つ児童生徒を理解する
　知的障害や発達障害と異なり，精神障害は生来かつ持続的な障害ばかりとは限らず，状況依存的に症状が変動することもある。診断された以上，症状は正常の心理反応を超えた状態であることを念頭に，安易に励ましたり事態を軽視したりしないように注意する。また，精神保健課題への指導の過程で精神障害の存在が明らかになる場合や，精神障害そのものが当初から指導の対象となっている場合など，その関わり方は違ってくる。緊急性がある事例では精神科医療につなぐことが最優先であるが，その場合でも本人側と保護者側で精神障害に対する困り感（1 章参照）には差がある

表8-2　本人・保護者の困り感による分類

		保護者の困り感	
		強い	弱い
本人の困り感	強い	①	②
	弱い	③	④

表8-3　児童生徒に見られる代表的な精神障害（分類別）

分類	精神障害名	表8-1との対比
①	統合失調症，うつ病（躁うつ病），強迫性障害	8
②	過呼吸症候群，身体化障害，性心理障害	2，3，4，5
③	統合失調症，躁うつ病（躁病），摂食障害，睡眠障害（DSPS），非薬物性依存症（ゲーム，インターネット）	1，6，8
④	③に対する保護者の無関心	いずれも可能性あり

（表8-2，表8-3）ことにも留意しなければならない。

⑶ 精神障害を理解させる

　学校では保健学習において，心身相関やストレスマネジメントについて発達段階に応じて繰り返し学ぶ機会がある[6]が，小中学校では精神障害について具体的な病名は提示されていない。平成30年に改定された高等学校学習指導要領解説保健体育編・体育編（文部科学省，2018）では，前版の「精神の健康」が「精神疾患の予防と回復」とより具体化され，精神疾患の特徴と精神疾患への対処が盛り込まれた。また，「うつ病，統合失調症，不安症，摂食障害などを適宜取り上げ，誰もが罹患しうること，若年で発症する疾患が多いこと，適切な対処により回復し生活の質の向上が可能であることなどを理解できるようにする」と病名についても明記された（実施については2022年度より）。児童生徒が身体疾患と同様に，精神障害についても自ら精神的異変に気づき，周囲の大人に相談できる力を

身につけさせることで，受診への指導が円滑になるとともに，個人に内在する精神障害への誤解・偏見の払拭にもつながる。現段階においても教科横断的に「精神障害教育」を学校保健計画の中で取り組んでもらいたい。

⑷ 精神障害を持つ児童生徒への対応

①統合失調症

統合失調症は思春期から青年期にかけて発症しやすく，小学生での発症はまれである。その症状学的特徴としては，陽性症状（ないはずのものがある）として，存在しないものが見える幻視や患者に直接話しかけたり（命令する内容のときもある），本人のことを噂する声が聞こえる幻聴が一般的である。さらに，幻聴の存在を信じるあまり，「自分の思考や行動が監視されている」という注察妄想や被害妄想に発展したり，「他人の考えが勝手に頭にはいってくる」という思考吹入などの症状を伴う。したがって，「クラスの中で無視されている」「自分の物が盗まれた」といった一見いじめの被害のような訴えがあった場合，本障害が関与している可能性も考慮しなくてはならない。一方，陰性症状（あるはずのものがない）は，興味や喜びの減少，意欲の低下（結果として成績の低下）などが中心で，陽性症状に先行する前駆期として現れる場合もあるので，早めに専門医を受診させることも必要であろう。

陽性症状が悪化すれば，暴力行為や興奮等により友人関係を大きく損ない，自傷行為や自殺の原因にもなる。本人は病気の症状としての認識が薄いがつらさを共感することで信頼関係を築き，自宅療養や入院治療に円滑に移行させることができれば本人の名誉を守ることにつながる。その結果，症状が安定したときに学校に復帰させやすい環境を保持することができる。

②睡眠障害

睡眠の量的障害（不眠症，過眠症など），質的障害（睡眠時無呼吸症候群，レム睡眠行動障害など），睡眠覚醒リズムの障害（睡眠相遅延症候群

など）に大別される。学校現場で問題となりやすいのは睡眠相遅延症候群
であろう。夏休みなど長期にわたる休校期間に夜更かしや朝寝坊など不規
則な生活を続けた結果，新学期が始まっても睡眠覚醒性リズムが自力で戻
せなくなることが多いほか，学期中でも深夜まで携帯電話やテレビゲーム
をした結果，睡眠相が後退[7]し，朝起きづらく，授業中に居眠りしたり，
不登校の原因にもなり得る。授業中の居眠りの原因には睡眠時無呼吸症候
群やナルコレプシーなど特殊な睡眠障害もあるため，単に生活態度の問題
とせず，その背景に存在する精神障害に関しても配慮をするべきである。
医療機関でも同様であるが，睡眠障害の困難さは日々の睡眠状況を学校で
直接観察しづらいところにある。そこで，睡眠状態を客観視できる睡眠
表[8]を記録させることは，治療にも学校における生活指導にも有用となる。

③摂食障害

　拒食症（神経性無食欲症）と過食症（神経性大食症）に大別され，経過
の中で移行することもあるが，初発時期によって一定の傾向が認められる
（図 8-2）。小中学生では大半が拒食症であり，食事（摂取カロリー）を減
らし，過剰な運動なども加えた結果，低体重・低栄養状態や無月経に至
る。外見でも身体測定でも発見しやすいため，この障害が見過ごされるこ
とはまれであるが，体重減少や給食の摂取状況などからできるだけ早期に
介入できると身体への負担も少なく回復も早い。特に月経発来前の症例で
は，低身長という後遺障害を伴う可能性があるため注意が必要である。高
校生年齢になると，食事に対する保護者のコントロールが緩むため，隠れ
て過食し自己誘発性嘔吐を繰り返しているにもかかわらず，目立った体型
変化もなく発見が遅れることが多い。両者ともその背景にはやせを極端に
賛美する現代の美意識があり，低下した自尊感情を取り戻すためのダイ
エットが契機になることが多い。体重が増えることへの恐怖（肥満恐怖）
ややせの否認（ボディイメージの障害）は強度であり，簡単には訂正でき
ないことを念頭に指導する。まれに，体重による階級別ややせているほう
が有利な競技（新体操や長距離走）などの部活動での指導が契機となり発

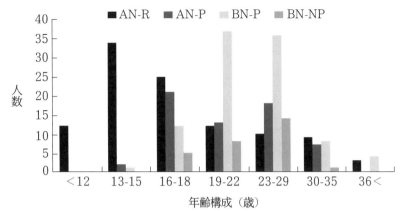

図8-2　摂食障害外来での初診時診断（年齢別）

AN-R：神経性無食欲症，制限型
AN-P：神経性無食欲症，むちゃ食い／排出型
BN-P：神経性大食欲症，排出型
BN-NP：神経性大食欲症，非排出型
（診断は DSM-5 の前版である DSM-IV-TR による）

症する場合もあるので，指導者は注意が必要である。低体重の拒食症の児童生徒に対しては，身体疾患用の学校生活管理指導表を改編して使用するなど工夫してみるのもよい。

④心的外傷後ストレス障害（PTSD）

　凄惨な外傷体験の後，過覚醒（外的刺激への過敏さ），悪夢，外傷体験の突然の（侵襲的な）想起，体験場面の回避などの症状が，外傷体験から1カ月以上経過しても改善しない場合をいう。学校では事故や犯罪被害よりも，いじめ被害が原因となり，重篤な症状により不登校状態が続くと，いわゆる「いじめによる重大事態」として調査委員会の対象となる。治療には専門的な技術を要するため，単にいじめを解決し安心できる環境を用意しても，症状が持続することもある。したがって，PTSD と診断された児童生徒の復学時期については慎重に判断しなければならない。PTSDのような重篤な外傷体験でなくとも，慢性的な心理的外傷体験（性的虐待

や家庭内暴力など）によっても同様の症状が出現することも知られており，新たに ICD-11 には複雑性 PTSD として収載されている。

⑤強迫性障害

不合理とわかっていながら打ち消せない考え（強迫観念）とそれを回避するための行為（強迫行為）を主徴とする障害である。どちらか一方の場合もある。児童生徒においては，「手掌にばい菌が付着しているのではないか」という強迫観念を払拭するために，長時間の手洗いを繰り返す事例が知られているが，他にも，忘れ物やガスの元栓，戸締まり等を頻回に確認する場合もある。強迫行為については，黙々と一人で行い他者の介入を拒むタイプ，他者（主に保護者）を巻き込んで確認させるタイプがある。発達障害にみられるこだわり（固執）との鑑別も必要である。

⑥身体化障害／社会不安障害など

明らかな身体疾患が存在しないにもかかわらず，頭痛，腹痛，嘔気・嘔吐，しびれ感など多彩な症状が持続する状態である。これらの症状は不安に伴う自律神経症状とも類似しており，特定の状況で症状が出現する社会不安障害や恐怖症，突然症状が出現するパニック障害との類似点も多い。思春期に出現しやすい過呼吸症候群は，呼吸性アルカローシス（学校では判断できない）を伴うため心身症に分類されるが，発症に心理的ストレスの関与も大きく鑑別が困難なため同等に扱われることが多い。単に運動負荷により誘発されることもあるため，体育実技や運動部の活動には注意が必要である。これらの身体症状を主症状とする障害は比較的症状が持続することもが多く，不登校（4 章参照）の原因にもなりやすい。

⑦うつ病，躁うつ病（双極性障害）

近年の精神医学的知見の集積により，DSM-5 ではうつ病と躁うつ病（双極性障害）は別のカテゴリーとして定義されている。うつ病症状として，抑うつ気分，集中困難，決断困難，罪責感のほか，不眠，食欲低下な

どを伴い，学童期では身体的不調として表出されることも多い。特に注意すべき症状として希死念慮，自殺念慮があり，自殺のリスクが10倍近くに高まるともいわれ（川上，2003；10章参照），自殺対策においてもうつ病対策は重要な位置を占めている（文部科学省，2009b）。一方，躁状態になると，過活動，睡眠欲求の減少だけでなく，自我感情が肥大（誇大的）した結果，対人的なトラブルを引き起こしてしまう。本人は「調子がいい」と感じていることが多いため，生徒指導的に関わると逆効果となる。

⑧パーソナリティ障害

　ICD-10によれば，「16歳ないし17歳以前に適切に診断されることは疑わしい」とされている。さらに，パーソナリティ障害の診断の基本としては，病的な傾向（Pathological）が広範な活動領域（Pervasive）で持続的（Persistent）であるという「3つのP」が原則であり，特定の人間関係や一過性の問題行動に対して診断されるべきではない。慢性的な自殺念慮や衝動的なリストカット，市販薬乱用などの自傷行為の背景に，情緒不安定性パーソナリティ障害の傾向が認められることがあり，こうした事例では教員間での情報共有と限界設定（教員としてできることとできないことの明示）というチームワークが重要である。

⑨適応障害

　明確なストレスの後，抑うつ状態，不安状態といった情緒の障害を伴う適応障害は認知度も高まってきたが，行為の障害として現れることも念頭に置く。したがって，いじめや暴力行為だけでなく喫煙・飲酒，あるいは窃盗（万引き）などの逸脱行為に対しては，生徒指導的な関わりだけではなく，背景を理解することが重要である。ストレスへの脆弱性や対処能力に問題があるパーソナリティ障害や発達障害，知的障害の二次障害[9]（7章参照）としても重要な概念である。また，児童生徒の7％程度存在するといわれるLGBTなど性の問題（11章参照）を抱える児童生徒が，こうした適応障害の状態から気づかれることもある。

4 精神科医療を理解する

⑴ 相談機関

　児童相談所，精神保健福祉センターや保健所といった公的機関において，精神科医師（嘱託医の場合も）や臨床心理技術者，保健師による精神保健相談を実施している。必要であれば，心理検査などが実施できる。児童生徒が病院の受診を拒んでいる場合などは，保護者または教員が相談し，医療へのつなぎ方など助言を求めることができる（山下，2003）。

⑵ 医療機関

①診療科

　児童生徒の精神障害を扱う診療科としては，精神科・心療内科，小児科などがあり，事例の特性に応じて選択する。学校医が窓口となってトリアージする方法もあるが，小学生の場合は年齢的にも境界領域であり，精神科か小児科のどちらを受診させるかの判断は難しい。行動化が激しく入院が必要な事例については，小児科病棟では対応が困難となる場合が多い。中学生以上であれば精神科での対応も可能であるが，成人の精神科病棟への入院では学習環境の保障などの問題もあり，最初の受診先としては本人や保護者の意向を優先するほうがよいであろう。

②精神科医療

　治療の場としては，外来診療と入院診療に分かれるが，治療法についてはおおむね共通しているといえる。

　初期評価　現病歴だけでなく，生育歴，家庭環境など診断に必要な情報を問診によって得る。母子手帳や通知表なども発達段階での客観的情報源となる。さらに，血液検査，画像検査（CT，MRIなど），脳波検査などの身体検査や心理検査を実施して診断の精度を高める。特に急性発症の場合は，身体疾患または薬物の関与を除外することが重要である。

薬物療法　近年，向精神薬による精神科薬物療法は大きく進化しており，副作用の少ない抗精神病薬が使用されるようになってきた。しかし，18 歳未満の患者には「慎重投与と指定されている」ものも多く，リスクとベネフィットを考えながら主治医と相談の上選択するのがよい。抗精神病薬には鎮静作用もあるため，症状が落ち着いたとしても動作が鈍く，表情が乏しいなど元気がないように見えることもある。そのような状態に対して親戚や縁者から「薬に頼るのはよくない」という外圧が生じることもあるが，少なくとも教員がそういう偏見を持たないようにする。

精神療法　一般的に患者の訴えを傾聴する支持的精神療法が行われている。さらに力動的精神療法，精神分析療法，認知療法，認知行動療法など，症状によって適切な精神療法が選択される。薬物療法より安全と思われがちだが，精神療法によって症状が一時的に悪化する場合もある。また，医師患者関係の信頼の下で行われるため，受診に拒否的な患者に対しては効果が期待できない。教員や SC が教育相談として校内で関わる場合，主治医の方針との齟齬のないよう注意しておきたい。

③医療との連携

　基本的に医療機関へは本人と保護者で受診するが，学校側で窓口を固定し（担任か養護教諭），定期的に保護者から情報を得るとともに，自宅療養が続いた場合には学校への復帰時期について主治医と連携することが重要である。その際には，学校でできることを明確にし，治療方針に反映してもらうことが望ましい。主治医が発行する診断書の病名は，必ずしも臨床診断と一致しているわけではなく，また，使用されている向精神薬の適応症と病名が一致しない場合（適応外使用）もあるので，本人に説明された病名や病状について確認しておくとよい。さらに，他の児童生徒に病状や治療経過についてどう説明するか，本人や保護者と十分に協議すれば，本人への誤解や偏見を防ぐことにもつながる。

　また，医療機関と連携する上で，『ICD-10 精神および行動の障害』（World Health Organization, 1992 ［融・中根・小宮山ほか監訳，

2010]）と『DSM-5 精神疾患の分類と診断の手引』（Nussbaum, 2013［日本精神神経学会監修, 2014]），さらにその解説書として『学校関係者のための DSM-5』（Tobin & House, 2016［高橋監訳, 2017]）は学校に整備しておくことを奨めたい。児童生徒が服用している治療薬については，医薬品医療機器総合機構のホームページ[10]からも検索できる。

④保護者を支える

障害を持つ本人だけでなく，それを支える保護者の大変さにも配慮する必要がある。保護者の中には自分の育て方や躾が悪かったのではと不安になる者やいじめなどに気づけなかったことを後悔する者，障害が理解できず陰性感情を抱く者，本人へかかりきりとなった結果，きょうだいも精神的変調を来している者など様々である。

精神障害の治療は長期化することも多く，保護者にとっては経済的な負担も無視できない。経済的問題（貧困など；9章参照）を抱える保護者に対しては，SSW[11]との役割分担により，特別児童扶養手当[12]や精神障害者福祉手帳[13]などの経済的・福祉的支援策や病院や保健センターが実施する家族教室といった情報を伝え，負担軽減に役立てる。

事例編　…設問つきワークシート（目次末尾参照）

以下の事例1，事例2，事例3について，教員（学校）がどのように対応するか，知識・技術編に示された視点から考えてみてください。疾病分類表（表8-2）で①の場合は医療機関への受診につながりやすいため，事例編では①以外の事例を提示します。これまでにも，精神障害を有する児童生徒の支援について，いくつか事例集がありますので，そちらも参考にしてください（文部科学省, 2009a；瀬戸・西牧, 2011）。

事例 1 -- 神経性無食欲症

　小学 5 年生の女子 A は 4 歳年上の姉，会社員の父，公務員の母との 4 人家族である。A は身長 135cm，体重 33kg と，小学 5 年生にしては小柄で月経も未発来であったが，姉の影響でファッションに興味があり，ティーン向けファッション雑誌の読者モデルにあこがれ，同級生とダイエットを始めた。友人たちは 2 週間程度でダイエットを諦めたが，A は「何事も途中で投げ出さない」と幼い頃から両親に厳しく指導されてきたため継続した。体重が減るたび友人に「すごい！　きれいになった」と褒められたこともあり，ますます厳格に食事制限をするようになり，日々の体重測定も楽しみとなった。自宅では炭水化物は一切取らず，海藻やキノコ類，コンニャクなど低カロリーの食材ばかりを要求した。給食は用意した袋にこっそりと隠して持ち帰り，公園のゴミ箱に捨てていた。半年で体重は 25kg にまで減少し，身長の伸びも止まってしまった。

　保護者から学級担任に，A は「身長が伸びたら少しは食べる」と言うばかりで，最近では食べたものを飲み込まずに吐き出したり，1 時間おきに体重測定し，少しでも体重が増えると泣きわめいたりするため，自宅で対応に苦慮しているという話があった。さらに，担任や友人からも「痩せすぎだから食べないとダメ」とか「今はきれいでも何でもない」と A に直接伝え，食事をとるように指導してほしいと依頼された。

事例 2 -- 強迫性障害

　中学 3 年生の女子 B にはきょうだいはなく，自営業の父，専業主婦の母と 3 人家族である。中学校での成績も良く，私立高校への進学を希望している。10 月頃から自分の手に菌がついているのではという考えが浮かび，それを払拭するために洗面所で何度も手を洗うよ

うになった。石鹸を使って丁寧に洗い，大丈夫と思って部屋に戻り，手を汚さないためにドアノブや勉強道具はティッシュペーパーを使って触れるようにした。それでもわずかに触ってしまったのではないかと不安は生じてしまい，大丈夫と自分に言い聞かせるために心の中で回数を数えながら再び手を洗うということを続けた。

　次第に手を洗う回数，1回の所要時間ともに増え続け，石鹸を大量に使用するほか，水道代も大幅に増えたため，心配した保護者が手洗いを止めるよう注意したが，つらそうな顔をして黙ってしまうだけであった。両手は皮脂が脱落して乾燥しており，所々ひび割れも生じていたが，学校ではできるだけ友人に気づかれないように注意していた。手洗いも極力我慢していたが，そのことが気になるばかりで，授業には集中できない状態であった。洗面所で長時間手を洗っているBを偶然見かけた養護教諭が声をかけたが，「大丈夫です」と言うのみであった。養護教諭が学級担任に連絡したところ，担任は本人の症状に気づいておらず，保護者からもそのような連絡は来ていないとのことであった。

事例 3 ———————————————————————————— 身体化障害

　高校1年生の男子Cは，高学歴で会社員の両親，3歳年上の兄との4人家族で，兄は今春大学に進学したため，現在は3人で暮らしている。公立中学校では成績が上位で，本人の希望する地域でトップクラスの進学校に合格した。同じ中学からの合格者はCのみで，有名私立中学校からの進学者とは話も合わず，親しい友人はできなかった。入学後4月に実施された最初の学力テストでは学年の平均点を大きく下回る成績となり，授業についていくのに精いっぱいという状況であった。ゴールデンウィーク明けから，起床時に頭痛，嘔気，腹痛，冷感を感じるようになった。朝食はとらず，家族に登校を促されても，「授業中我慢できない」と泣くことが多く，自室に閉じこもる

ため，仕方なく保護者が学校に欠席の連絡を入れていた。

　保護者が仕事に出た後，午後になると症状は多少改善し，好きな読書をしたり，スマートフォンで動画を見たりして過ごした。夕食は家族ととり，「明日は学校に行けそう」と準備をして就寝するが，翌朝には同じ状態になることが続いた。1学期の終わりになると，勉強の遅れだけでなく進級のことも心配になり，身体の症状に加え「今さら教室に入るのが怖い」「学校を辞めたい」と家族に訴えるようになった。学級担任が終業式後に面談を予定したが，本人は来校せず，保護者だけ来校した。保護者は「好きなことならやっているので病気とは思わない」「わがままなだけだから，学校がいやなら辞めてもいい」と，本人が主体的に動き出すまでは介入しないという姿勢であった。

注

1）"圏"という表現は，共通性のある複数の精神障害を包含する概念である。統合失調症圏はDSM-5の章（chapter）にあたるが，精神病圏，神経症圏として使用される場合は，さらに複数の章を包含する広い概念となる。

2）操作的診断基準とは，特定の理論に基づかず，病気の原因や精神力動を前提とせず，観察される症状に基づいて障害を定義し分類する手法をいい，統計や臨床研究において特に有用とされるものである。

3）世界保健機関（WHO）が作成した国際疾病分類の第10版であるが，2019年5月のWHO総会で第11版が承認されている。日本語版はまだ出版されておらず（2021年9月現在），その正式な利用については厚生労働省からの通知がないため，本書では第10版の分類を元に記述している。

4）国民年金・厚生年金保険　障害認定基準（平成29年12月1日改正）によると，「障害認定日」とは，障害の程度の認定を行うべき日をいい，請求する傷病の初診日から起算して1年6月を経過した日または1年6月以内にその傷病が治った場合においては，その治った日（その症状が固定し，治療の効果が期待できない状態に至った日を含む）をいう。

5）療育手帳，特別児童扶養手当，精神保健福祉手帳，自立支援医療など精神保健福祉法以外の法令における「精神障害」の定義を調べること。

6）筆者が実施した教育学部1年生を対象とした調査では，高校までの保健学習について印象に残っているものは少なく，「防衛機制」と回答するものが最多，次に「自己実現」が多かった。

7）一日の中で入眠時刻から覚醒時刻までを睡眠相といい，その人の通常の睡眠相が遅い時間にずれる状態を「睡眠相の後退」といい，逆に早い時間にずれる状態を「睡眠相の前進」という。

8）睡眠状態を客観的に評価する方法のひとつとして活用されている。0時から24時を横軸に日付を縦軸にした格子状の表であり，睡眠時間帯を黒く塗りつぶすものが一般的である。

9）パーソナリティ障害や発達障害は，それ自体に社会機能の障害を認めるが，特有のストレス脆弱性を背景にさらに他に診断するに値する精神障害が併存することも珍しくない。その場合，後に発症する障害を二次障害と呼ぶ。

10）独立行政法人医薬品医療機器総合機構のホームページ（https://www.info.pmda.go.jp/psearch/html/menu_tenpu_base.html）において，現在，わが国で保険収載されている医薬品について，一般名または販売名で検索でき，該当する医薬品の添付文書を閲覧することができる。

11）平成29年調査では全国のSSW配置数は2,041人でありSCの8,782人と比較しても少なく，配置目標の60％でしかない（総務省行政評価局，2020）。SSWの役割として，精神障害への支援については明記されていないが，本稿でも指摘しているようにいじめや不登校，暴力行為といった保健課題の背景には精神障害が関与しているため，総合的な支援につなげるべきである。

12）特別児童扶養手当は，精神または身体に障害を有する児童（20歳未満）について手当を支給することにより，これらの児童の福祉の増進を図ることを目的にしており，様々な福祉サービスを受けることができる。知的障害の場合は，児童相談所でB1（中度）判定以下であれば別途申請は必要ないが，精神障害や発達障害に関しては，医療機関の診断書が必要となる。また，自立支援医療受給者証を申請すれば，医療費の自己負担割合が通常3割のところ原則1割に軽減される。

13）精神障害者福祉手帳は他の障害者手帳と同様に，様々な福祉サービスや税金の控除の対象となる。医療機関の初診から6カ月を経過した時点の診断書で申請できるが，神経症圏の障害は対象から除外されている。医療機関でも詳しい説明を受けられる。

■引用文献

深草瑞世・森山貴史・新平鎮博（2017）精神疾患及び心身症のある児童生徒の教育に関連した疫学的検討. 国立特別支援教育総合研究所ジャーナル, 6, 12-17.

川上憲人（2003）わが国における自殺の現状と課題. 保健医療科学, 52(4), 254-260.

厚生労働省（2012）疾病・事業及び在宅医療に係る医療体制について.〈https://www.mhlw.go.jp/file/05-Shingikai-12404000-Hokenkyoku-Iryouka/

0000018265.pdf〉(2021 年 8 月 10 日確認)

文部科学省(2009a)教職員のための子とどもの健康観察の方法と問題への対応.〈https://www.mext.go.jp/a_menu/kenko/hoken/1260335.htm〉(2021 年 5 月 6 日確認)

文部科学省(2009b)教師が知っておきたい子どもの自殺予防.〈https://www.mext.go.jp/b_menu/shingi/chousa/shotou/046/gaiyou/1259186.htm〉(2021 年 5 月 6 日確認)

文部科学省(2014)学校における子供の心のケア――サインを見逃さないために.〈https://www.mext.go.jp/a_menu/kenko/hoken/1347830.htm〉(2021 年 5 月 6 日確認)

文部科学省(2018)高等学校学習指導要領解説保健体育編・体育編.〈https://www.mext.go.jp/content/1407073_07_1_2.pdf〉(2021 年 5 月 6 日確認)

日本学校保健会(2017)平成 28 年度保健室利用状況に関する調査報告書.日本学校保健会.〈https://www.gakkohoken.jp/book/ebook/ebook_H290080/index_h5.html#1〉(2021 年 5 月 6 日確認)

Nussbaum, A. M.(2013)*The pocket guide to the DSM-5 diagnostic exam.* American Psychiatric Publishing.［日本精神神経学会監修, 高橋三郎・大野裕監訳(2014)DSM-5 精神疾患の分類と診断の手引.医学書院.］

瀬戸ひとみ・西牧謙吾(2011)精神疾患等のこころの病気のある児童生徒の指導と支援の事例集.全国病弱虚弱教育研究連盟心身症等教育研究推進委員会, 独立行政法人 国立特別支援教育総合研究所.

総務省行政評価局(2020)学校における専門スタッフ等の活用に関する調査結果報告書.〈https://www.soumu.go.jp/main_content/000687333.pdf〉(2021 年 8 月 10 日確認)

Tobin, R. M. & House, A. E.(2016)*DSM-5 Diagnosis in the schools.* The Guilford Press.［高橋祥友監訳(2017)学校関係者のための DSM-5.医学書院.］

World Health Organization［WHO］(1992)*The ICD-10 classification of mental and behavioural disorders: Clinical descriptions and diagnostic guidelines.* Author.［融 道男・中根允文・小見山 実・岡崎祐士・大久保善朗監訳(2010)ICD-10 精神および行動の障害――臨床記述と診断ガイドライン.医学書院.］

山下俊幸編(2003)学校における精神保健に関する健康相談の手引き――児童・生徒のこころの健康支援のために:教職員のための手引き.京都市こころの健康増進センター.

9章

子どもの貧困

■ 予習課題 ■

1. 「子どもの貧困」という言葉を耳にしたことがある人は少なくないと思います。一見豊かにも見える日本で，子どもの7人に1人が貧困状態にある，というのはどういうことなのでしょうか。

2. どのような家庭で育っている子どもが貧困で困っているのでしょうか。また貧困が子どもにもたらす影響にはどのようなものがあるでしょうか。

3. 「貧困の（社会的）連鎖」とはどのようなことでしょうか。これを防ぐためにはどうしたらよいでしょうか。

9章

子どもの貧困

森 慶輔

■ はじめに ■

「子どもの貧困」という言葉を耳にしたことがある人は少なくないだろう。一見豊かにも見える日本で，子どもの7人に1人が貧困状態にある，というのはどういうことなのだろうか。21世紀に入り，社会経済構造の変化が進む中で所得格差が拡大し，貧困が固定化されつつある日本。長い間，子どもの貧困が見過ごされてきた現状とその背景を振り返り，貧困の社会的連鎖を食い止めようとする取り組みを考える。

知識・技術編

1 子どもの貧困率の上昇

厚生労働省（2020）が公表した2019年国民生活基礎調査（図9-1）によると，子どもの貧困率は13.5％であり，依然として子どもの7人に1人が貧困状態にある。また，ひとり親世帯では48.1％と，約半数が貧困状態にある（大人2人以上の世帯では10.7％）。子どもの貧困率は

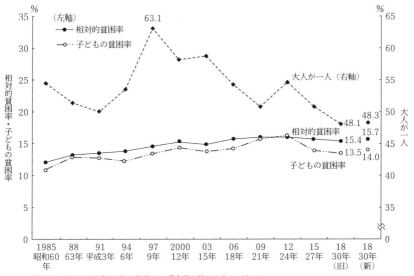

図9-1　子どもの貧困率の推移（厚生労働省，2020）

2000年以降13〜16％台で推移し，抜本的な改善には至っていない。
またOECD（経済協力開発機構，現在日本を含む37ヵ国が加盟）のデー
タによる国際比較では，日本の子どもの貧困率はOECD平均よりもやや
高い水準にある。

　このように，近年「子どもの貧困」が社会問題化し，この言葉を耳にし
たことがない人は皆無だろう。一見豊かにも見える日本で，子どもの貧困
が社会問題化するというのはどういうことなのだろうか。

　私たちが「貧困」と聞くと，食べ物がない，着るものがない，など生命
に関わる状態をイメージするだろう。これは「絶対的貧困」と呼ばれる状
態であり，絶対的貧困は生活を維持していくことが難しい状態である。こ

相対的貧困と絶対的貧困

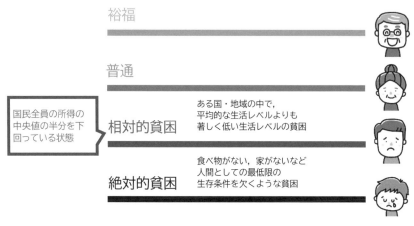

図9-2　相対的貧困と絶対的貧困（SDGs one by one ホームページをもとに作成）

れに対し日本における貧困は，社会の中で"普通"とされる機会が得られない「相対的貧困」と呼ばれる状態であり，その国の生活水準や文化水準を下回る状態に陥っていることを指す（図9-2）。

　相対的貧困は，具体的には世帯所得がその国の等価可処分所得の中央値の半分に満たない状態のことを指す。OECDの基準に照らすと，2015年時点で，単身世帯が122万円以下，4人世帯が244万円以下のことであり，例えば大人2人，子ども2人の世帯であれば約20万円／月以下で生活せざるを得ないことが日本における相対的貧困ということになる。

　そして，この相対的貧困に陥ると，社会で多くの人が享受している標準的，平均的な生活を送ることが難しくなり，子どもから学びの環境，育まれる環境，つながりが奪われていくことになる（Learning for All, 2020）。しかし，相対的貧困は絶対的貧困と異なり，見えにくく実態をつかみづらいため見過ごされがちである。

2 子どもの貧困の影響

　相対的貧困の世帯で育つ子どもは，医療や食事，学習，進学などの面で極めて不利な状況に置かれ，将来も貧困から抜け出せない傾向があることが明らかになりつつある（例えば，朝日新聞取材班，2018）。

　日本で相対的貧困に陥っている子どもは 200 万人以上存在し，ひとり親など大人が一人の家庭に限ると半数以上が相対的貧困の水準にあり，これは先進国でも最悪の水準である。この中でも深刻なのは母子世帯である。厚生労働省（2016）の平成 28 年度全国ひとり親世帯等調査によると，母子世帯の平均年間就労収入は約 200 万円，就業状況はパート・アルバイトなどの非正規雇用が 43.8 ％と，少ない収入で苦しい生活を強いられている人が半分近くを占めている。そして保護者の経済状況で否応なく不利を背負った子どもが，大人になっても貧困から抜け出せない連鎖が広がっている。

　このような家庭環境においては，例えば，保護者が病気のために子どもが家事をしなければいけない，食費を切り詰めるために十分な食事がとれない，金銭的な理由で部活動や進学を断念せざるを得ない，家計を支えるために毎日のようにアルバイトをせざるを得ない，といったことがおこる。また，親が昼夜問わず働かざるを得ない環境に置かれた子どもは親に甘えることもできず，心の拠り所を失うことになり，家族関係（親子関係）にも影響を及ぼすことになる。その他，非行，児童虐待，不登校などの問題の背景に貧困状態があることも多い。

　そして保護者の経済的な困難は，子どもに様々な影響を及ぼし，世代を超えて連鎖する可能性が高い。内閣府（2019）によると，生活保護世帯の子どもの高校・大学等進学率は全世帯より低い水準にとどまり，低所得世帯やひとり親世帯の子どもは学習の理解度，進学意欲，自己肯定感，生活習慣の定着などが他世帯より低く，困ったときに頼れる相手がいない傾向がある。つまり，保護者の経済的な貧困によって，学習や体験の機会を

図9-3　貧困の世代間連鎖（内閣府，2018）

失い，学力が低下し，これが不安定な就業へとつながり，子どもも貧困に
陥るという悪循環に陥る危険性がある（図9-3）。

3　子どもの貧困への学校の対応

　子どもの貧困対策において，学校がプラットフォームになる必要性があ
る。ここでは学校での対応のポイントについて挙げる。
　表9-1は大阪教職員組合が2006年に行った調査の結果である。教育
現場にあらわれた「貧困」の実態の一部であるが，教室の子どもの姿か
ら，保護者の貧困や生活の大変さが透けて見える。こうした子どもたちを
前に，教員が何気なく接しているだけでは子どもの貧困に気づくことはほ
とんど不可能であるといえる。なぜなら，保護者にお金の心配をかけまい
と子どもなりに気遣った結果が，円も上手く描けない100円ショップの
コンパスなのであり，こうした子どもたちは自分の家庭が経済的に問題を
抱えていることを自分からは決して話したりしないからである。よって教
員は，遅刻や欠席が多くなった，元気がない，イライラしている，など日
常のふとした行動の変化に注意を払うことが必要である。そして，こうし
た子どもは，困ったことを尋ねても「大丈夫」と言うことも多い。子ども

表9-1　子どもの貧困の実態（木下，2008 をもとに作成）

【小学生】
・習字セットやたて笛などの教材を，100 円ショップで揃えてくる。笛だけは音が狂うので，指定のものを買うよう，担任が頼んでいる。
・母親の帰宅は 21 時過ぎ。家庭訪問を「帰れない」と断られる。
・授業でコンパスが必要になった 4 年生。お母さんに「買って」といえず，小遣いで 100 円ショップのコンパスを購入。ちゃんとした円が描けなくて，子どもは困っていた。
・母親が非正規労働者で，子どもが発熱しても迎えに来られない。下の兄弟が熱を出すと，保育所に預けられず，姉に学校を休ませて世話をさせている。昼ご飯を食べたか心配で電話すると「妹の分も欲しい」という。担任のパンを持たせた。
【中高生】
・教材に，アルトリコーダーやアクリル絵の具などがいるが，買えない生徒がクラスに 5 〜 6 人もいるので，授業がすすめられない。
・合格者説明会の日に，教科書を買ってもらうことになっているが，「お金がないので，なんとか分割に」と，保護者が頼みにくる。
・クラブに入れない子の中にはユニフォームが買えない子や，土日にバイトをして大学の学費をためている生徒がいる。

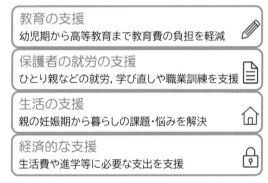

教育の支援
幼児期から高等教育まで教育費の負担を軽減

保護者の就労の支援
ひとり親などの就労，学び直しや職業訓練を支援

生活の支援
親の妊娠期から暮らしの課題・悩みを解決

経済的な支援
生活費や進学等に必要な支出を支援

図9-4　子どもの貧困対策の4つの柱
（子供の未来応援国民運動ホームページをもとに作成）

の「大丈夫」で安心し，解決したと思わないことが重要である。

　2014 年に「子どもの貧困対策の推進に関する法律」が成立して以来，政府は「教育の支援」「保護者の就労の支援」「生活の支援」「経済的な支援」を柱に，様々な対策を進めている（図9-4）。そして 2019 年に新た

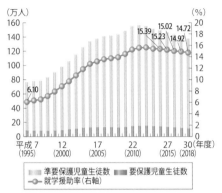

◆就学援助率は6年連続で減少しているが、その割
合は7人に1人程度で高止まりしている。

（出典）文部科学省「平成30年度就学援助実施状況等調査」
（注）1. 学校教育法第19条では、「経済的理由によって就
学困難と認められる学齢児童又は学齢生徒の保護
者に対しては、市町村は、必要な援助を与えなけ
ればならない。」とされており、生活保護法第6
条第2項に規定する要保護者とそれに準ずる程度
に困窮していると市町村教育委員会が認めた者
（準要保護者）に対し、就学援助が行われている。
2. ここでいう就学援助率とは、公立小中学校児童生
徒の総数に占める要保護・準要保護児童生徒数の
割合。

図9-5　小学生・中学生に対する就学援助の状況（内閣府，2020）

な「子供の貧困対策に関する大綱」が閣議決定され，そこには高校進学後
の支援の強化や教育費負担の軽減を図ることが基本方針となった。大綱に
は幼児教育・保育の無償化，義務教育段階の就学支援の充実（図9-5），
高校生等への修学支援等による経済的負担の軽減（図9-6），授業料等の
減免措置と給付型奨学金の拡充等を含む大学等進学に対する教育機会の提
供などが謳われている。教員はこうした支援制度を把握し，必要な子ど
も，家庭に対して適切に情報を提供し，支援が受けられるようにする必要
がある。

　米澤（2017）は，学校での対応として「社会的孤立の解消」「親の心の
ケア」「文化的な格差の解消」「前向きに生きようとする心の涵養」「学力
の格差の解消と自己有用感を高める」ことを挙げている。特に社会的孤立

学びたいキミを応援します。

みんなに知ってほしい

高校生への２つの支援

返還不要の支援です。それぞれ申込みが必要です。

① 高等学校等就学支援金　国の授業料支援のしくみです。

年収約910万円未満の世帯が対象
学校種：高等学校、特別支援学校（高等部）、高等専門学校（1～3年生）、専修学校（高等課程）など

申込みは、学校へ　入学時の４月など手続きが必要な時期に学校から案内があります。

② 高校生等奨学給付金　教科書費・教材費など、授業料以外の教育費支援のしくみです。

生活保護世帯、年収約270万円未満（住民税所得割非課税）の世帯が対象
学校種：高等学校等就学支援金の対象と高校の専攻科（特別支援学校は「特別支援教育就学奨励費」の支援があります）

申込みは、学校またはお住まいの都道府県へ
毎年７月頃に手続きが必要です。詳しくは学校またはお住まいの都道府県にお問合せください。

参考：保護者等の年収目安と支給額（令和３年度）

両方利用できます！

保護者等の年収目安	約270万円未満	約270～590万円	約590～910万円	約910万円以上
①高等学校等就学支援金	国公立：約12万円			
	私立：約40万円		私立：約12万円	
②高校生等奨学給付金	約3～15万円			

図9-6　高校生等への就学支援（文部科学省リーフレットより）

の解消は貧困の（社会的）連鎖を予防する意味でも極めて重要である。教員はスクールソーシャルワーカーやスクールカウンセラーと連携するとともに，医療機関，児童相談所，要保護児童対策地域協議会等の保健・福祉部門との連携強化を図ることで，こうした家庭を孤立させないようにする必要がある。また子どもたちには学力の保障を図るとともに，教育活動の中で自己有用感を感じられるようにする工夫が求められる。

　最後に，木下（2008）には「荒れる子，手のかかる子，文句をいう親などの多くに，働き方や生活苦などの背景が横たわっています。子どもたちを正確にとらえようと思えば，環境も含めて見る必要がありますが，教員も発生する問題の対応にひたすら追われて…」という教員の言葉がある。困っている子どもたちへ教員が手を差し伸べられない現状は子どもの貧困を悪化させることになりかねない。本来の業務ができるよう，教員の働き方改革も必要である。

　　　　　　　　　　　　…設問つきワークシート（目次末尾参照）

　以下の事例 1，事例 2 について，教員（学校）がどのように対応するか，知識・技術編に示された視点から考えてみてください。

事例 1 --

　現在，小学 4 年生の男子 A，小学 2 年生の女子 B は，未就園の 5 歳の弟と 0 歳の妹の 4 人きょうだいで母親と一緒に暮らしている。4 カ月ほど前に他県より転校してきた。転校直後から A はクラスの友人の文房具や集金を盗んだりして注意を受けることがたびたびあった。B は漢字の読み書きや簡単な足し算，引き算の間違いが多く，宿題もほとんどやってこなかった。2 人とも友人がおらず，クラスでぽつんと一人でいることが多かった。

　前年度の学級担任より引き継ぎを受けて，A，B それぞれの新しい学級担任が 4 月上旬に家庭訪問に行くと，家の中は雑然としていて，ゴミが散乱していた。テレビや洗濯機などの家電がなく，調理用具もほとんどなかった。母親は，引っ越してきたばかりで知り合いもおらず，食事は A や B に総菜やパンなどを買ってこさせ，洗濯は週に一度コインランドリーで済ませていると言っている。集金などが滞りがちだったので話を聞くと，生活費に困っているが赤ちゃんがいるので働きに出ることができないと話していた。

　これを聞いた担任は管理職に報告し，学校から福祉事務所に生活に困窮している家庭があることを伝えたが，生活保護申請の担当が調査をしたところ，生活保護の受給対象の条件に該当しなかったという連絡がきた。不思議に思い，学校でさらに家庭の情報を集めると，母親には内縁の夫がいることがわかった。しかし内縁の夫は経済的に不安定で，家にほとんどお金を入れず，そして母親や子どもたちに暴力を振るっているようだという情報も入ってきた。

そして，4月末，5月末にあった集金や給食費の銀行引き落としが残高不足のためできず，銀行から通知を受けたA，Bそれぞれの担任はどう対応すればよいか苦慮している。

事例 2

　男子C（16歳）は入学して2カ月あまりで定時制高校を退学した。退学理由を尋ねる母親に「小学生の頃から授業がわからなかったのに今さら……」と吐き捨てた。

　Cが小学2年生のときに両親が離婚し，Cの母親はCとCの妹の2人の子どもを養うため，スーパーや工場で深夜までパートとして働いていた。母親は帰宅後のわずかな時間も妹の世話に追われ，Cと向き合う時間はほとんど取れなかった。お金がないからと洋服もおもちゃもめったに買ってもらえなかった。母親は不在がちなので，Cは宿題をやらなくなり，小学4年生になるとだんだんと授業についていけなくなった。そのため授業中もボーっとしていたり，居眠りしたりすることが多かった。

　中学校入学後も学習の遅れは広がるばかりで，中学3年生になり同級生が高校受験の話題で持ちきりになると，クラスに居場所がなくなり，登校しなくなっていった。学級担任や母親の勧めで定時制高校を受験し，どうにか合格したが，そこでも授業についていけず，また徐々に登校しなくなった。また，高校入学とともにアルバイトを始めたが，人間関係に嫌気がさしてすぐに辞めるということを繰り返し，今は引きこもりのようになっている。「したいことは何もない。もうどうでもいい」とCは言う。母親はどうしてよいかわからず途方に暮れている。また妹もCと同じようになってしまうのでは，と強い不安を抱えている。

■ 引用文献

朝日新聞社取材班（2018）増補版 子どもと貧困. 朝日新聞出版.

木下直子（2008）貧困から子どもたちを守らなアカン！ いつでも元気, 全日本民医連, 198.

子供の未来応援国民運動ホームページ　子供の貧困対策.〈https://kodomohinkon. go.jp/hinkon/measure/〉（2021 年 5 月 6 日確認）

厚生労働省（2016）平成 28 年度全国ひとり親世帯等調査結果報告.〈https://www. mhlw.go.jp/file/06-Seisakujouhou-11920000-Kodomokateikyoku/0000190327. pdf〉（2021 年 5 月 6 日確認）

厚生労働省（2020）令和元年 国民生活基礎調査.〈https://www.mhlw.go.jp/ toukei/saikin/hw/k-tyosa/k-tyosa19/index.html〉（2021 年 5 月 6 日確認）

Learning for All（2020）子どもの声から, 地域がかわる「子ども支援の生態系モデル」～子どもと出会い・つながり・支えるを実現するために～.〈https:// learningforall.or.jp/assets2/pdf/From_the_voice_of_children_welcome_ to_the_area_v5.00.pdf〉（2021 年 5 月 6 日確認）

文部科学省リーフレット　みんなに知ってほしい 高校生への 2 つの支援. 〈https://www.mext.go.jp/a_menu/shotou/mushouka/20210317-mxt_ kouhou02_3.pdf〉（2021 年 8 月 21 日確認）

内閣府（2018）国における子供の貧困対策の取組について.〈https://www8.cao. go.jp/kodomonohinkon/forum/h29/pdf/nagano/naikakufu.pdf〉（2021 年 5 月 6 日確認）

内閣府（2019）子供の貧困対策～子供を取り巻く現状と国の取組について～. 〈https://www8.cao.go.jp/kodomonohinkon/ouen-forum/r01/pdf/tottori/ naikakufu.pdf〉（2021 年 5 月 6 日確認）

内閣府（2020）令和 2 年版 子供・若者白書（全体版）.〈https://www8.cao.go.jp/ youth/whitepaper/r02honpen/pdf/b1_03_02_05.pdf〉（2021 年 8 月 21 日確認）

SDGs one by one ホームページ　貧困をなくそう.〈https://sdgs.city.sagamihara. kanagawa.jp/sdgs-17goal/01_no-proverty/〉（2021 年 8 月 20 日確認）

米澤篤代（2017）小学校における貧困問題とその対策. 心理科学, **38**, 10-20.

10章

子どもの自殺

■ 予習課題 ■

----

1. 2000 年以降の自殺者の推移を未成年者，成人，高齢者に分けて調べてください。何か特徴があるでしょうか。

----

2. なぜ子どもは自殺するのでしょうか。その理由を考えてみてください。

----

3. 国が行っている子どもの自殺対策にはどのようなものがあるでしょうか。

10章

子どもの自殺

森 慶輔

■ はじめに ■

　自ら命を絶つ子どもが増えている。警察庁によると，2020年の小中高校生の自殺者数は前年比25.1％増の499人で，統計のある1980年以降最多を記録した。また，先進7カ国の若い世代（15〜34歳）の死因をみると，他の国々の死因の1位は事故死であるのに対し，日本のみが自殺となっている。このように深刻な状況にある日本において，どうすれば子どもの自殺を減らすことができるのか考えていきたい。

知識・技術編

1 子どもの自殺の現状

　2003（平成15）年をピークに自殺者の総数は減少してきたが，2020（令和2）年には増加に転じた（図10-1）。小中高校生の自殺者数は2001（平成13）年以降，小学生はほぼ横ばい，中高生は緩やかな増加傾向にある。そして2020年の小中高校生の自殺者数は前年比25.1％増の

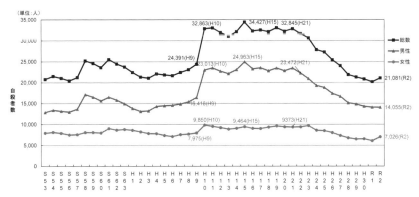

（単位:人）

図10-1　自殺者数の推移（厚生労働省自殺対策推進室・警察庁生活安全局生活安全企画課，2021）

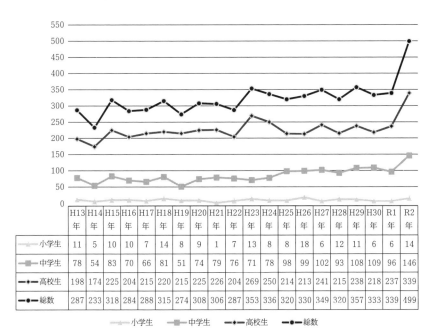

	H13年	H14年	H15年	H16年	H17年	H18年	H19年	H20年	H21年	H22年	H23年	H24年	H25年	H26年	H27年	H28年	H29年	H30年	R1年	R2年
小学生	11	5	10	10	7	14	8	9	1	7	13	8	8	18	6	12	11	6	6	14
中学生	78	54	83	70	66	81	51	74	79	76	71	78	98	99	102	93	108	109	96	146
高校生	198	174	225	204	215	220	215	225	226	204	269	250	214	213	241	215	238	218	237	339
総数	287	233	318	284	288	315	274	308	306	287	353	336	320	330	349	320	357	333	339	499

図10-2　児童生徒の自殺者数の推移（厚生労働省自殺対策推進室・警察庁生活安全局生活安全企画課，2021をもとに作成）

499人で，統計のある1980年以降最多を記録した（図10-2）。文部科学省は，新型コロナウイルス感染症に伴う長期にわたる休校は通常の長期

表10-1　先進国の若い世代（15〜34歳）の死亡者数と死亡率（厚生労働省，2020より抽出して作成）

	日本 2015			フランス 2014			ドイツ 2015			カナダ 2013		
	死因	死亡数	死亡率	死因	死亡数	死亡率	死因	死亡数	死亡率	死因	死亡数	死亡率
第1位	自殺	4,132	16.3	事故	1,985	12.9	事故	1,724	9.0	事故	1,868	19.6
第2位	事故	1,633	6.4	自殺	1,224	7.9	自殺	1,426	7.5	自殺	1,012	10.6
第3位	悪性新生物	1,300	5.1	R00-R99※	966	6.3	悪性新生物	1,033	5.4	悪性新生物	513	5.4

	アメリカ 2015			イギリス 2015			イタリア 2015		
	死因	死亡数	死亡率	死因	死亡数	死亡率	死因	死亡数	死亡率
第1位	事故	34,005	38.7	事故	2,596	15.3	事故	1,342	10.5
第2位	自殺	12,438	14.1	自殺	1,255	7.4	悪性新生物	794	6.2
第3位	人	9,593	10.9	悪性新生物	1,060	6.3	自殺	530	4.1

※ICD-10（疾病及び関連保健問題の国際統計分類の第10回修正版）の第18章「症状、徴候及び異常臨床所見・異常検査所見で他に分類されないもの」に該当するもの

注）「死亡率」とは、人口10万人当たりの死亡者をいう。

休業とは異なり，児童生徒の心が不安定になることが見込まれることから，自殺予防などの留意事項について教育委員会等に再三通知を出していたが，自殺者の増加を防ぐことはできなかったといえる。厚生労働省も「新型コロナウイルス禍で学校が長期休校したことや，外出自粛により家族で過ごす時間が増えた影響で，学業や進路，家族の不和などに悩む人が増加したとみられる」と指摘している。

　令和2年版自殺対策白書（厚生労働省，2020）によると，日本の人口10万人あたりの自殺率（自殺死亡率）は18.5で世界第9位，先進国（G7）の中では最も悪い。また15〜34歳の若い世代で死因の第1位が自殺となっているのは，先進国（G7）では日本のみであり，その死亡率も他の国に比べて高い（表10-1）。

　このように日本の若者の自殺の状況は非常に深刻であるといえる。

2　子どもの自殺の原因

　令和元年度版自殺対策白書（厚生労働省，2019）によると，10歳代の自殺の原因・動機では，健康問題の比率が減少傾向を見せており，家庭問題の比率はやや増加の傾向を示している。また最多の件数を占める学校問

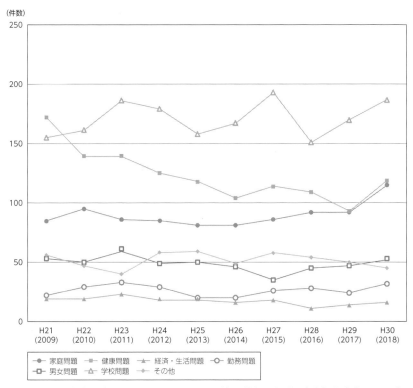

（件数）

図10-3　10歳代の自殺者における原因・動機別件数の推移（厚生労働省，2019）

題が計上される比率は，年による変動がやや大きいが，おおむね横ばいか
やや増加の推移を示している（図10-3）。

　児童生徒等の自殺の原因・動機の状況を見ると，小中学生では家庭問題
と学校問題に起因するものが多く，高校生以降になると学校問題やうつ病
やその他精神障害が多くなってくる。学校問題の内訳を見ると，学業不振
やその他進路に関する悩みが多く，いじめは少ない（図10-4）。なお，
いじめによる自殺がきわめて少ないが，警察庁が把握できた，遺書などの
自殺を裏づける資料により明らかに推定できた原因・動機の実態であるこ
とに留意する必要がある。

　高橋（2006a；2006b）では，自殺の危険因子として，自殺企図歴，

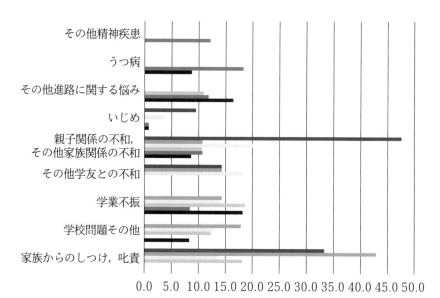

その他精神疾患

うつ病

その他進路に関する悩み

いじめ

親子関係の不和,
その他家族関係の不和

その他学友との不和

学業不振

学校問題その他

家族からのしつけ, 叱責

0.0 5.0 10.0 15.0 20.0 25.0 30.0 35.0 40.0 45.0 50.0

■女子小学生（n=21）　■男子小学生（n=28）　□女子中学生（n=229）
■男子中学生（n=359）　■女子高校生（n=796）　■男子高校生（n=1048）

**図10-4　小中高校生における自殺の原因・動機の計上比率（厚生労働省，2019 を
もとに作成）**

精神障害の既往，サポートの不足，性別（自殺企図者は男性が多く，自殺
未遂者は女性が多い），年齢（特に男性の中高年に多い），性格，喪失体
験，他者の死の影響，メディアの影響，事故傾性（事故を防ぐのに必要な
措置を不注意にも取らない，慢性疾患に対する予防や医学的な助言を無視
する），児童虐待が示されている。また傳田（2018）は，今までの心理学
的剖検の結果より，「小中学生と高校生で自殺に関わる要因に違いがある
こと」「低年齢群では精神疾患の比率が少なく，自殺前のストレス要因や
自殺の意図が明確でないこと」「気分障害が自殺の大きなリスク要因であ
ること」「親の離婚・別居が与える自殺への影響に関して，両親とのコ
ミュニケーションや両親の精神的健康が重要な要因であること」を明らか
にしている。

表10-2 自殺を考えている人の心理 (内閣府, 2013)

①絶望感：「もうどうすることもてきない」と絶望する気持ち。

②孤立感：「誰も助けてくれない」,「自分はひとりきりだ」と孤独を感じる気持ち。

③悲嘆：「悲しい」と思う気持ち。

④焦燥感：「いますぐに何とかしないといけない」と焦る気持ち。

⑤衝動性：切迫して，すぐさま自殺行動や危険行動をしかねない状態。

⑥強い苦痛感：「苦しい」,「辛い」と思う気持ち。

⑦無価値感：「生きる価値がない」,「生きる意味がない」,「自分なんかいない方がいい」と自分に価値がないと感じる気持ち。

⑧怒り：他者や社会に対して強いいきどおりを感じる気持ち。

⑨投影：自分の感じている気持ちを，まるで相手が感じているかのように考える。相手は本人が悪いとは思っていないのにもかかわらず,「どうせ私が悪いって思っているんでしょ」と考える等。

⑩柔軟性がない考え方：幅広い視点で考えられず,「自殺以外に解決法はない」,「問題は解決できない」などと考えること。

⑪否認：現実のことを認めることができない状態。

⑫将来の希望がないという見通しのなさ：「どんなことをしても何もかわらない」,「この辛さはいつまでも続く」と考えること。

⑬諦め：「もうどうなってもかまわない」,「もうどうすることもできない」とあきらめてしまうこと。

⑭解離：普段の意識状態ではなくなり，今ある現実と考えや気持ちに断絶が起きている状態。「何をしたのか覚えていない」,「周りの状態に対して現実感がない」等。

⑮両価性：「生きたい」という気持ちと,「死ぬしかない」という気持ちをゆれうごく状態。

⑯自殺念慮：「死にたい」,「この世からいなくなりたい」など自殺するしか解決する方法はないという考え。

3 子どもの自殺の心理

　高橋（2006b）には，自殺に追い込まれる人に共通する心理として，
「極度の孤立感」「無価値感」「強度の怒り」「窮状が永久に続くという確
信」「心理的視野狭窄（現状を変えられる唯一の方法は自殺だけだと考え
る）」「あきらめ（どうでもよくなる）」「全能の幻想（自殺だけは自分にも
できる）」があげられ，ゲートキーパー[1]養成研修用テキスト（内閣府，
2013）には自殺を考えている人の心理の特徴が16に分けて取り上げら
れている（p.147，表10-2）。
　Joiner et al.（2009）は自殺の対人関係理論を提唱し，自殺潜在能力
（死に対する恐怖感が低下したり，身体的疼痛に対して鈍感になったりす
る能力）が高まり，かつ負担感の知覚（自分が他者に迷惑をかけている）
と所属感の減弱（居場所がない，他者から必要とされていない）により自
殺願望が高まることで自殺行動が誘発されるとしている（図10-5）。

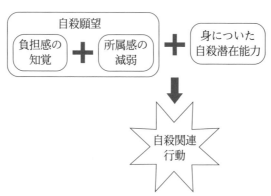

図10-5　自殺の対人関係理論（松長・北村，2015）

4 子どもの自殺への対応策

　もし学校で子どもから「死にたい」と訴えられたり，自殺の危険性を感じ取ったりしたら，どうすればよいだろうか。

　「大丈夫，がんばれば元気になる」など安易に励ましたり，「死ぬなんて馬鹿なことを考えるな」などと叱ったりしては，かえって心が閉ざされてしまうことになる。こうしたときは，① Tell：言葉に出して心配していることを伝える，② Ask：「死にたい」という気持ちについて，率直に尋ねる，③ Listen：絶望的な気持ちを傾聴する，④ Keep safe：安全を確保する，という TALK の原則の姿勢で話を聞くように努める（文部科学省，2009）。その上で，一人で抱え込まず，必ずチームで対応することが重要である。これは，多くの目で見守ることにより子どもへの理解を深めるとともに，教員自身の不安感の軽減にもつながる。「秘密にしてほしい。誰にも言わないでほしい」という子どもの場合は，悩みを打ち明けられた教員だけで見守ることなく，守秘義務の原則に立ちながらも学校内外で連携することが支援の大きな鍵となる。

　また，もし不幸にも子どもの自殺が実際に起こってしまうと，家族だけでなく学校全体も大きく混乱し，多くの人々の心に深刻な影響を与える。そのため，自殺発生後は，遺族だけでなく，児童生徒や保護者，地域，警察等の関係機関，場合によってはマスコミなどに対し，速やかに対応していく必要がある。そのため，管理職を中心にして，組織的に対応していくことが大切である。そして，都道府県により違いがあるが，多くの地域では学校からの要請により臨床心理学の専門的な知識・経験を有する学校外の専門家を派遣する制度がある。専門家の立場から，児童生徒に与える影響について助言するとともに，児童生徒への伝え方，保護者対応，心のケアなど，今後学校としてどうしていくことがよいのかを教職員と一緒に検討しながら対応していくことになる（文部科学省，2010）。

　最後に，未成年者の自殺が深刻な社会問題となるなか，国は SOS を出

展開例：A市の自殺予防教育プログラム「だれにでもこころが苦しいときがあるから・・・」

1．ねらい
（1）だれにでもこころが苦しいときがあること，苦しい気持ちも必ず変わることを知る。
（2）苦しいときの対処法のひとつとして「信頼できる人に話を聴いてもらうこと」があることを知り，
　　相手の気持ちを楽にする話の聴き方について学ぶ。

2．授業の概要
　「誰にでも死を考えるほどの苦しい時があるかもしれないが，そのような気持ちも必ず変わること，
　周囲の人に話を聴いてもらうこと（支援を得ること）で，苦しい気持ちは楽になる」というメッセー
　ジを伝え，生涯を通じて危機に陥った際に「相談すること」の重要性の理解を深める。

3．所要時間　　45分

4．準備するもの
（掲示物）・「学校に行きたくない」「消えたい（いなくなりたい）」と思ったことがある人の割合
　　　　　・アンケートより「もやもや攻略法」「だれに相談しているか」を集約したもの
　　　　　・「メッセージ1〜3」「聴き方のポイント」を書いた物
（配布物）・リーフレット「だれにでもこころが苦しいときがあるから」
　　　　　・（必要に応じて）学習プリント1枚

5．授業実施者　　担任（主）　　スクールカウンセラー（副）

6．授業の展開

活動内容	指導上の留意点	
①めあて「こころが苦しくなったときにどうすればよいかを学習しよう」を確認する ＊「だれにでもこころが苦しいときがある」	・児童の事前アンケートの結果，担任の体験談，から誰にでも心が苦しくなるときがあることを伝える	5分
②こころのもやもや攻略法について考える ・友人の対処法を知り，レパートリーを増やす	・自分にあったもやもや攻略法を持つことが，大人になってからも重要であることを伝える。	5分
③こころのもやもや度をチェックし（リーフレット1〜2ページ）解説を読む ＊「苦しい気持ちも必ず変わる」	・今の心の状態を意識させ，気付かせる ・心の状態は時間の経過や環境，周囲の支援で変化することを強調する	4分
④事前アンケートから，誰に相談できているか，自分たちの実態を知る	・相談することの意義を理解できるようにする ＊「誰かに相談できる力を持とう」	4分
⑤リーフレット3ページ「伝えたい3つのメッセージ」のページを学習する	・学習用プリントに記入させる	3分
⑥相談された時の「話の聴き方」を学習する ・聴き方のポイントを学ぶ ・子供同士で話し手，聴き手を体験する	・ポイントを整理する（リーフレット4ページ） ・担任とSCとで良い例，悪い例を示す ・あらかじめ子供同士の相談内容例を準備しておく ＊もしも「消えたい（死にたい）」と相談された場合に「信頼できる大人に伝えるよう」強調する	15分
⑦相談できる人，相談できる場所について，具体的に知る	・相談できる人，場所を具体的に提示（リーフレット5ページ）し，必要な場合の利用を促す	2分
⑧学習のまとめと振り返り	・掲示物を用いて，3つのメッセージ自分にあったもやもや攻略法，話の聴き方のポイントを確認する ・事後アンケートを記入させ，数人に発表させる	7分

特徴：自殺予防教育の構成要素のうち，主として，心の危機に陥った自分自身や友人への関わり方を学
　　ぶこと，地域の援助機関を知ることをねらいとする1時間のプログラム

図10-6　学校における自殺予防教育プログラムの実践例（文部科学省，2014）

図10-7　LINE による相談窓口（相談ほっと LINE@ 東京）

しやすくする教育や相談体制について検討を進めている。

　前者について，文部科学省の児童生徒の自殺予防に関する調査研究協力
者会議が 2014（平成 26）年に「子供に伝えたい自殺予防（学校におけ
る自殺予防教育導入の手引）」を作成している（文部科学省，2014）。こ
こでは学校における自殺予防教育プログラムの展開例が紹介され，実践例
として「心の危機に陥った自分自身や友人への関わり方を学ぶ」「地域の
援助機関を知る」という内容から構成された，教員とスクールカウンセ
ラーがチームティーチングで行う，１時間のプログラムが示されている
（図 10-6）。

　後者については，都道府県や政令指定都市の教育委員会が，通話料無料
の 24 時間子供 SOS ダイヤル（0120-0-78310：なやみいおう）や LINE
などの SNS を用いた相談窓口（図 10-7）を開設している。

　このように，現在，様々な対策がとられているが，大前提として，日頃
から子どもに親身に寄り添うという姿勢で関わることが，自殺予防の第一
歩であるといえよう。

事例編　　　　　　　　　　　　…設問つきワークシート（目次末尾参照）

　以下の事例 1，事例 2 について，教員（学校）がどのように対応する
か，知識・技術編に示された視点から考えてみてください。

　小学5年生の男子Aは両親と高校生の兄との4人家族で，特に問題となるようなこともなく暮らしていた。ある日，高校生の兄は友人と海に行くと出かけていったが，そこで高波にさらわれ行方不明になり，数日後遺体で発見された。母親はひどく憔悴し，夜も眠れず，食欲もなくなり，一日中泣いている状態が続き，家事も満足にできない状況であった。また父親と母親は長男の死を巡って 諍 (いさか) いが増え，不仲になりつつあった。この頃からAは体調不良を訴え，しばしば学校を欠席するようになり，登校してきても授業中は机に伏していたり，些細なことで友だちと喧嘩になったりするため，学級担任は気になり，養護教諭に相談していた。

　ある日，Aが悪心を訴えたため，担任が保健室へ連れて行ったところ，泣きながら次のようなことを語った。「お兄ちゃんが死んでから，お母さんとお父さんは喧嘩ばかりしている。お母さんはいつもソファに座ってボーッとしていて，ご飯も作らないし，洗濯もしないし，何にもしなくなっちゃった。前はお酒なんか飲まなかったのに，すごく飲むようになって……泣きながら死にたいって言ってる。お父さんは見えない，聞こえないふりをしてる。僕だって寂しいし，悲しいのに……お兄ちゃんがいたときはこんなふうじゃなかったのに……」。さらに話を聞いていくと，Aも自暴自棄になり，自宅マンションの屋上から飛び降りようとしたり，踏切で電車に飛び込もうとしたりしたことを打ち明けた。

事例 **2** ---

　中学2年生の女子Bは，学業成績は上位で，部活動にも熱心に取り組んでいたが，些細なことで同じクラスの他の女子とトラブルを起こすことが何度もあった。また，学級担任は養護教諭よりBの腕に

複数の切り傷があると連絡を受けていた。

　ある日，何の連絡もなく B が欠席したため，担任が電話をかけたが，何度かけても連絡が取れなかった。その日の深夜に B は深夜徘徊で警察に補導され，警察署で，家で父親から暴力を振るわれている，母親も暴力を振るわれていると訴えたため，そのまま児童相談所で一時保護されることになった。

　しかし，1 週間もしないうちに，B がどうしても家に帰りたいと訴えたため，一時保護が解除されることになったと児童相談所から学校に連絡があった。帰宅した翌日に，登校してきた B に担任が話しかけようとすると，「もう大丈夫だから」と顔をそむけた。「先生でよければ話を聞かせてほしい」と B に伝えたところ，しばらくだまっていたが，「家にも学校にも居場所がない。もうどうしていいかわからなくて，ときどき無性に自分を傷つけたくなって……もう死んだほうが楽なんじゃないか。どうしたら楽になれるか，スマホでいろんなサイトを見て探している。先生にこんなこと言っても仕方がないけど……」と途切れ途切れに話してくれた。

注
1 ）自殺の危険を示すサインを見逃さず，適切な対応をする役割を果たす人のこと。内閣府は，2007（平成 19）年に発表した自殺総合対策大綱の重点施策としてゲートキーパーの養成を掲げ，地方公共団体が実施する養成研修会を受講し専門知識や対処方法を学んだ人材が，身近な環境で自殺対策を支援する啓発活動を担うものとしている。

■ 引用文献

傳田健三（2018）なぜ子どもは自殺するのか――その実態とエビデンスに基づく予防戦略. 新興医学出版社.

Joiner, T. E., Jr., Van Orden, K. A., Witte, T. K., & Rudd, M. D. (2009) *The interpersonal theory of suicide: Guidance for working with suicidal clients.* American Psychological Association.［北村俊則（2011）自殺の対人関係理論――予防・治療の実践マニュアル. 日本評論社.］

厚生労働省（2019）令和元年度版自殺対策白書.〈https://www.mhlw.go.jp/
　stf/seisakunitsuite/bunya/hukushi_kaigo/seikatsuhogo/jisatsu/
　jisatsuhakusyo2019.html〉（2021 年 7 月 21 日確認）

厚生労働省（2020）令和 2 年版自殺対策白書.〈https://www.mhlw.go.jp/
　content/r2h-1-3.pdf〉（2021 年 7 月 21 日確認）

厚生労働省自殺対策推進室・警察庁生活安全局生活安全企画課（2021）. 令和 2 年
　中における自殺の状況.〈https://www.npa.go.jp/safetylife/seianki/jisatsu/
　R03/R02_jisatuno_joukyou.pdf〉（2021 年 7 月 21 日確認）

松長麻美・北村俊則（2015）対人関係理論に基づく自殺のリスク評価. 精神科治療
　学, 30（3）, 333-338.

文部科学省（2009）教師が知っておきたい子どもの自殺予防.〈https://www.
　mext.go.jp/b_menu/shingi/chousa/shotou/046/gaiyou/1259186.htm〉
　（2021 年 7 月 21 日確認）

文部科学省（2010）子どもの自殺が起きたときの緊急対応の手引き.〈https://www.
　mext.go.jp/a_menu/shotou/seitoshidou/__icsFiles/afieldfile/2018/08/13/
　1408018_001.pdf〉（2021 年 7 月 21 日確認）

文部科学省（2014）子供に伝えたい自殺予防（学校における自殺予防教育導入の手引）.
　〈https://www.mext.go.jp/component/b_menu/shingi/toushin/__icsFiles/
　afieldfile/2014/09/10/1351886_02.pdf〉（2021 年 7 月 21 日確認）

内閣府（2013）ゲートキーパー養成研修用テキスト 第 3 版.〈https://www.
　mhlw.go.jp/content/text3_03_7.pdf〉（2021 年 7 月 21 日確認）

高橋祥友（2006a）自殺の危険——臨床的評価と危機介入 新訂増補版. 金剛出版.

高橋祥友（2006b）自殺予防. 岩波書店.

11章

性の問題

■ 予習課題 ■

1. 学習指導要領における性に関する指導について文部科学省の
ホームページから調べ，発達段階に沿った指導について確認し
てみましょう。

2. 性感染症（クラミジア感染症，梅毒等）の最近の情報につい
て，調べてみましょう。

3. 人工妊娠中絶の現状と課題について，調べてみましょう。

11章

性の問題

豊島幸子

■ はじめに ■

　近年，社会環境の変化や情報化社会の進展など，児童生徒を取り巻く環境が変化するなか，学校においては性情報の氾濫，未成年者の性感染症や人工妊娠中絶等，様々な課題に適切に対応する必要がある。児童生徒等が性に関する正しい知識や態度を身につけ，安全な行動を選択できる力をつけるためには，発達段階に応じた指導が重要であり，学校教育が果たす役割は大きい。こうした状況をふまえて，知識・技術編では学校における「性に関する指導」と性をめぐる諸課題を概観するとともに，児童生徒から相談を受けた際の対応を考察する。また，事例編では小中高校それぞれの例をもとに実際の対応について検討する。

知識・技術編

1 学校における「性に関する指導」

　学校における「性に関する指導」の目標は，「心身の発育・発達や性に

関する内容について理解し，健康の大切さを認識し，危険（リスク）を回避するとともに，自らの健康を管理し，改善することのできる能力を育てる」「生命や人格の尊重，男女平等の精神の下に，自己や他者を尊重する態度を育み，望ましい人間関係を築くことができる資質や能力を育てる」「家庭や社会の一員としての在り方を理解し，性に関する諸問題に適切に対処するとともに，より良い家庭や社会づくりに向けて責任ある行動を実践することのできる資質や能力を育てる」と学習指導要領に示されている。学校教育は，児童生徒の人格の完成を目指す「人間教育」の一環として，人間尊重の精神に基づいて行われる。学習指導要領に示された内容をすべての児童生徒に確実に指導するとともに，性情報の氾濫等の現代的な課題をふまえながら，保護者の理解を得て必要な指導を丁寧に行い，迅速に対応することが求められる。そのためには，各学校において，校内すべての教職員で共通認識を図り，児童生徒が性に関する正しい知識を身につけ，適切な意思決定や行動選択ができるよう，性教育に取り組むことが重要である。2017（平成29）年以降の学習指導要領改訂の趣旨をふまえ，現代的な課題にも対応できるよう性教育の基本的な考え方や指導事例等を十分に理解し，教職員の共通認識の下，家庭・地域とも連携を図りながら，適切な性教育の実施に取り組むことが求められている。

　保健教育における授業づくりに関しては，子どもの発達段階に沿って，どのような教育内容とするかを吟味し，学習者が学び考える授業でありたい。

2　性をめぐる諸課題

　近年，性感染症や人工妊娠中絶，性被害等，性に関する健康問題が課題である。これらの背景や要因は，家庭や地域社会の教育機能の低下，社会環境の変化など，子どもの精神的，社会的発達へ影響を与える多様な問題が複雑に絡んでいる。課題に適切に対応するためには，児童生徒が性に関する正しい知識を身につけ，安全な行動を選択できる資質や能力をつける

よう，各学年発達に応じて学ぶ性教育の役割は大きい。

最新の学習指導要領では，強く生きぬく力が「知識及び技能」「思考力，判断力，表現力」「学びに向かう力，人間性」の３つの柱に整理された。性に関する指導もこれらの観点から個に応じた支援が求められる。

性感染症は病原体に感染している相手との主として性行為によって感染することから，子どもに対して，人間の性行動に対する慎重かつ賢明な意思決定や行動選択の能力を育てる必要がある。また，子どもの性行動が活発化することにより，その結果として，望まない妊娠，人工妊娠中絶が増加している。したがって，子どもの発達段階に応じて，心身の発育・発達や性に関する内容について理解し，性行動に伴うリスクを認識し回避するとともに，健康の大切さを認識し，自らの健康を管理し，改善することのできる能力を育てることが必要である。

人間はその生涯を通して，同性・異性が様々な人間関係を結びながら生活していくが，その際，すべての人々が人間として平等の立場で，お互いに理解し合い人格を尊重し合いながら協力していくことが必要である。低学年のうちから発達段階に応じて，人間尊重，男女平等の精神の徹底を図り，子どもに豊かな男女の人間関係を築く資質や能力を育てる必要がある。子どもが現在および将来の生活において，これらの場で直面する性の諸問題を適切に判断し，対処できるようにする必要がある。あわせて，性に関する犯罪被害を防止し，自己中心や思い込みなどで他人に迷惑をかけないなど責任ある行動を実践することが必要である。子どもは保護者や教員，友人などのほか，マスコミなどから情報を得て自分の成長や生活に役立てている。性情報を適切に取捨選択し，自己の成長発達に役立てる能力を身につけることの大切さを理解させることが重要となる。

人権課題として，個人の性の在り方（セクシュアリティ）は，「からだの性」「こころの性（性自認）」「好きになる性（性的指向）」「表現する性」の４つの要素から考えることができる。「からだの性」と性自認が一致し，異性に性的指向が向かう人がいる一方で，「からだの性」と性自認が一致しない人や性的指向が同性や両方の性に向かったり，どちらにも向かわなかっ

たりする人なども存在する。後者の人々は性的マイノリティと呼ばれることがある。性的マイノリティの多くは，性自認に悩んだり，性的指向を理由として偏見や差別を受けたりするなど，自分らしく生きにくいという悩みを抱えている。LGBT とは代表的な性的マイノリティの頭文字をとってつくられた言葉であり，Lesbian（女性同性愛者），Gay（男性同性愛者），Bisexual（両性愛者），Transgender（身体の性と異なる性別で生きる人あるいは生きたいと望む人）をさす。ホモ，レズ，オカマなどの言葉は差別的な意味合いを含むため，発した本人に差別的な意思がなくても，冗談や無意識の発言で傷つく人がいることを心に留めておく必要がある。

(1) 性感染症

　近年，多くの先進国において，新規の HIV 感染者および AIDS 患者は減少傾向にあるが，わが国においては高止まりの傾向が続いている。現在，HIV 感染者は 20 代が最も多く，20 〜 30 代が全体の約 6 割を占めている（図 11-1）。

　また 2010 年以降，梅毒の報告数が増加を続けており，女性では 20 代，男性では 20 〜 40 代で報告数が多くなっている（図 11-2）。不妊の

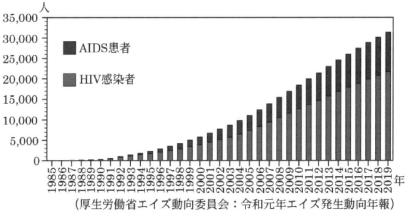

（厚生労働省エイズ動向委員会：令和元年エイズ発生動向年報）

図11-1　HIV 感染者および AIDS 患者の累積報告数[1]（厚生労働省エイズ動向委員会，2020）

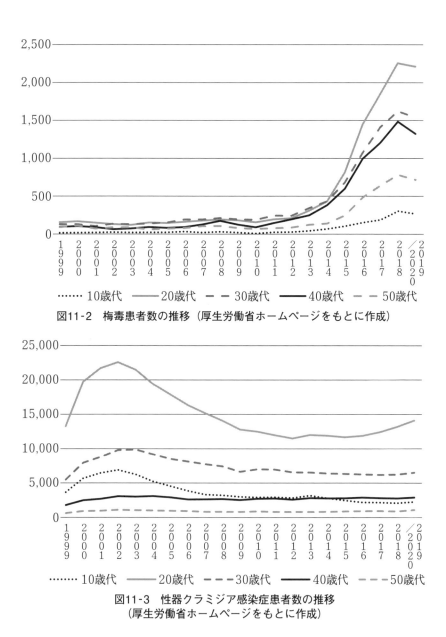

図11-2　梅毒患者数の推移（厚生労働省ホームページをもとに作成）

図11-3　性器クラミジア感染症患者数の推移
（厚生労働省ホームページをもとに作成）

原因となるクラミジア感染症等も20代の感染者報告が最も多い傾向がある（図11-3）。

⑵ 人工妊娠中絶

人工妊娠中絶を年代別にみると，20代前半の人工妊娠中絶が最も多く，20歳未満の人工妊娠中絶も決して少なくない（表11-1）。

児童生徒等に対して，性行動に伴う危険（リスク）を正しく理解させるとともに，その前提となる自尊感情（セルフエスティーム）やコミュニ

表11-1　人工妊娠中絶件数および実施率の年次推移（厚生労働省，2018）

（単位：件）　　各年度

	平成25年度 (2013)	26年度 ('14)	27年度 ('15)	28年度 ('16)	29年度 ('17)	対前年度	
						増減数	増減率 （％）
総　　数	186,253	181,905	176,388	168,015	164,621	△3,934	△2.0
20歳未満	19,359	17,854	16,113	14,666	141,28	△538	△3.7
15歳未満	318	303	270	220	218	△2	△0.9
15歳	1,005	786	633	619	518	△101	△16.3
16歳	2,648	2,183	1,845	1,452	1,421	△31	△2.1
17歳	3,817	3,283	2,884	2,517	2,335	△182	△7.2
18歳	4,807	4,679	4,181	3,747	3,523	△224	△6.0
19歳	6,764	6,620	6,300	6,111	6,113	2	0.0
20～24歳	40,268	39,851	39,430	38,561	39,270	709	1.8
25～29歳	37,999	36,594	35,429	33,050	32,222	△828	△2.5
30～34歳	36,757	36,621	35,884	34,256	33,082	△1,174	△3.4
35～39歳	34,115	33,111	31,765	30,307	29,641	△666	△2.2
40～44歳	16,477	16,558	16,368	15,782	14,876	△906	△5.7
45～49歳	1,237	1,281	1,340	1,352	1,363	11	0.8
50歳以上	22	17	18	14	11	△3	△21.4
不　　詳	19	18	41	27	28	1	3.7
実施率（女子人口千対）							
総　　数[1)]	7.0	6.9	6.8	6.5	6.4		
20歳未満[2)]	6.6	6.1	5.5	5.0	4.8		
15歳	1.7	1.4	1.1	1.1	0.9		
16歳	4.5	3.7	3.2	2.5	2.5		
17歳	6.6	5.6	4.9	4.3	4.0		
18歳	8.0	8.0	7.1	6.3	6.0		
19歳	11.2	11.0	10.8	10.2	10.1		
20～24歳	13.3	13.2	13.5	12.9	13.0		
25～29歳	11.3	11.2	11.2	10.6	10.5		
30～34歳	9.8	10.0	10.0	9.6	9.5		
35～39歳	7.6	7.7	7.7	7.6	7.6		
40～44歳	3.4	3.4	3.4	3.3	3.2		
45～49歳	0.3	0.3	0.3	0.3	0.3		

注：1）実施率の「総数」は、分母に15～49の女子人口を用い、分子に50歳以上の数値を除いた人工妊娠中絶件数を用いて計算した。
　　2）実施率の「20歳未満」は、分母に15～19歳の女子人口を用い、分子に15歳未満を含めた人工妊娠中絶を用いて計算した。

ケーション能力，人間関係力を育て，人としての生き方，家庭や社会の一員としての在り方など，自他の生命や人格を尊重する態度を養うことが重要である。

中高生の望まぬ妊娠について，熊本県にある慈恵病院の調査では，2020年4月の相談件数592件のうち，中高生からの相談は75件で，全体の13％と報告されている。「妊娠検査薬で陽性反応が出た」「彼女の生理が遅れている」といった内容のほか，中絶手術についての費用の問い合わせもあったという（朝日新聞アピタル，2020）。

母体保護法では「人工妊娠中絶とは，胎児が，母体外において，生命を保続することのできない時期に，人工的に，胎児及びその附属物を母胎に排出すること。」と定義されている（平成25年12月13日改正 母体保護法第1章，第2条）。そして，人工妊娠中絶は母体保護法という法律に遵守して施行されなければならない。母体保護法により定められた適応条件[2]のある場合にのみ行うことができる。この適応条件を守らなかった場合には母体保護法違反となる。したがって，妊娠している本人の求めに応じて行われるものではない。

一般に人工妊娠中絶手術は，危険度から妊娠11週までに行うことが望ましいとされている。そのため，望まない妊娠，継続できない妊娠については，早期の診断から妊娠に関わる人すべてへの指導・カウンセリング，そして対処が重要となる。中高生が妊娠した場合，出産するか中絶するかの選択へのカウンセリングは重要である。未熟な者同士で悩みを相談しあっており，何も知らないまま妊娠してしまう場合があるからである。また学校においては，予定の月経が来ないなどの妊娠を疑うべき徴候を，生徒が自ら疑えるように，自分の身体の変化に気づくことができる教育と，そのことを保護者や教員に相談できる環境づくりが最も重要である。

(3) 性情報と性被害

メディアにおける性情報は，必ずしも正確なものだけではない。例えば，渡辺（2013）は男子大学生の半数以上，女子大学生の約30％が性

表11-2　SNS に起因する事犯の被害児童数の推移（警察庁，2021 より抽出して作成）

区分	年次	H23年	24年	25年	26年	27年	28年	29年	30年	R元年	2年
児童買春・児童ポルノ禁止法	児童買春	176	182	226	260	359	425	447	399	428	311
	児童ポルノ	217	242	341	358	507	563	570	545	671	597
	小　計	393	424	567	618	866	988	1,017	944	1,099	908

表11-3　出会い系サイト規制法事犯の検挙状況（警察庁，2021 より抽出して作成）

区分	年次	H23年	24年	25年	26年	27年	28年	29年	30年	R元年	2年
法第6条(禁止誘引)		451	360	337	278	235	219	97	79	67	51
	うち児童による誘引	273	252	185	152	101	71	27	24	19	18
法第7条(無届等)		12	3	2	1	0	4	5	2	0	1
法第9条(名義貸し)		1	0	0	0	0	0	0	0	0	0
合　計		464	363	339	279	235	223	102	81	67	52

交渉の情報をアダルトビデオなどの性的メディアから得ていると回答したことを報告している。こうした現状をふまえ，多くの情報から正しい情報を得ることができる能力の育成が重要である。性情報の信憑性（情報や証言などの，信用してよい度合い）について，正しいかどうかを判断し，また的確な情報を把握できる能力を身につけることが重要である。そのためには，正しい知識の普及や基礎的な知識を身につけることができる情報提供と継続的なリスクコミュニケーションの実施が大切である。

　また，SNS を通じた性被害が多発している（表 11-2，表 11-3）。SNS に起因する事犯の被害者のアクセス手段はスマートフォンが 1,701 人と多く，全体の 9 割以上を占めている。被害者が利用した SNS は Twitter が 642 人，Instagram が 221 人などであった（警察庁，2021）。また，児童ポルノ被害の約 4 割が，「児童が自らを撮影した画像に伴う被害」で，児童がだまされたり脅されたりして自分の裸体を撮影させられた上，メール等で送られる被害が増加し，2018（平成 30）年では中学生の被害は前年に比べ減少しているが，小学生と高校生は増加して

いる（政府広報オンライン，2019）。こうしたことからも，SNS の適切な使用を指導するとともに，Filli[3] のような SNS の管理アプリを使用し，不適切な使用がないかどうかを保護者が管理することも検討する必要があろう。

⑷ 性に関する健康問題

　性的マイノリティの児童生徒等は様々な困難を抱えている。学校現場では，このような性的マイノリティの児童生徒が存在することを前提に配慮する必要がある（文部科学省，2016）。さらに，このような児童生徒が学校生活において不利益とならないように対応していく必要がある。性に関する悩みは誰でも経験することであり，日頃の信頼関係づくりに努め，児童生徒が相談しやすい状態にしておくことが重要である。

　性同一性障害のある児童生徒は，生物学的には性別が明らかであるにもかかわらず，心理的にはそれとは別の性別である確信を持ち，自己を身体的および社会的に他の性別に適合させようとする意思を有している。学校における活動を含め日常の活動に悩みを抱え，心身への負担が過大なものとなることが懸念される。こうした問題に関しては，個別の事案に応じたきめ細やかな対応が必要であり，学校関係者においては，児童生徒の不安や悩みをしっかり受け止め，児童生徒の立場から対応を行うことが重要である。

　相談を受ける際には，以下の点に注意する。相手のセクシュアリティを決めつけず最後まできちんと話を聴くこと。そして，「話してくれてありがとう」と伝えること。誰に話しているか，誰に話してもよいかを確認する。また，本人の許可なしに他者に相談相手のセクシュアリティを伝えてしまうことのないよう，細心の注意を払う必要がある。

　したがって，各学校においては，学級担任や管理職をはじめとして，養護教諭，スクールカウンセラーなど教職員等が協力して，保護者の意向にも配慮しつつ，児童生徒の実情を把握した上で相談に応じるとともに，必要に応じて関係医療機関とも連携する（例えば，性別違和〔性同一性障

害〕が疑われる場合は精神科と連携する）など，児童生徒の心情に十分配慮した対応に努めることが重要である。

事例編　　　　　　　　　…設問つきワークシート（目次末尾参照）

　以下の事例 1，事例 2，事例 3 について，教員（学校）がどのように対応するか，知識・技術編に示された視点から考えてみてください。

事例 1

　小学 5 年生の女子 A の母親から学級担任へ相談したいことがあると連絡があった。後日母親が来校し，担任に対して「娘は最近月経が始まったが，それを男子がからかったり，うわさをしたりすると言っていて，恥ずかしいし，とてもいやだから学校に行きたくないと言っている」「娘は，先生に言うと男子からもっとからかわれるから話さないでほしいと言っているが，このままでは困るので娘には内緒で相談に来た」と話し，担任は対応を依頼された。担任は母親からの相談内容を養護教諭にも伝え，情報を共有した。担任と養護教諭はどのような指導をすべきか考えたが，A の希望もあるため，対応に苦慮していた。担任が見ているところでは A が男子にからかわれている様子はないためしばらく静観していたが，徐々に欠席することが増えてきた。担任は A が休んだ日には電話で連絡するが，母親は「学校に行きたくないと言って部屋から出てこないので休ませるしかない。学校ではどう対応してくれるのか」と学校に対する不信感を口にしている。

事例 2

　中学 2 年生の女子 B は，中学 1 年生のときに両親が離婚し，親と

の間で摩擦が生じていた。中学2年生の夏休み前に，男女交際について養護教諭に相談があり，話を聞いたところ，妊娠の不安を抱えていた。2学期が始まり，Bが頭痛を訴えて保健室を訪れた。保健室では養護教諭が受容的に話を傾聴し，学級担任や家庭とも連携をとりながら支援していくうちに，少しずつ心を開き，同級生に対しても関わりを深めながら，自分を大切にすることを自覚し始めたように見受けられた。しかし保健室への来室は頻繁になり，遅刻や早退も増え，授業にも集中できない状況になってきた。保健室では「彼氏が性的なことを要求してくる。どうしてよいかわからない」「彼氏の要求を拒むと彼氏が不機嫌になる。暴力を振るわれたこともある」「自分を大切にすることはわかるが，でも彼氏に振られるのはいやだ」といったことを涙ながらに話し，養護教諭が傾聴すると少し落ち着くといった状況で冬休みを迎えた。担任と養護教諭は冬休み明けにどうなっているか心配をしていたところ，3学期より不登校となってしまった。

事例 3

　高校3年生の女子Cは10月下旬のある日，保健室を訪れた。養護教諭が「どうかしたの？」と話しかけると「今，相談してもいいですか」と言うので，話を聞いた。Cは「昨日，D産婦人科医院を受診し，妊娠していると言われて動揺しています。中絶はD産婦人科医院ではできないと言われて困っています」という話だった。養護教諭と話をするうちに，彼氏と夏休みから今まで何回か性交渉をもったこと，そのときに避妊具を持ち合わせていなかったが雰囲気に流され性行為をしたことがあったこと，そのため避妊に失敗したかもしれないこと，7月中旬に生理があってから生理が来ないこと，心配になって9月下旬にドラッグストアで妊娠検査薬を自分で買って試したら陽性だったこと，彼氏には妊娠のことは何も話していないことなどがぽつりぽつりと語られた。養護教諭が「これは大切なことだからお家の人

ともよく話さないと……」と言うと「家に帰りたくない」と言いはじ
めた。どうやら誰にも相談できず，一人で抱え込んでいる様子であっ
た。

注

1 ）国立感染症研究所（2020）HIV／AIDS 2019 年. IASR, **41**(10), 175-176.
　　〈https://www.niid.go.jp/niid/images/iasr/2020/10/488tf01.gif〉
　　（2021 年 7 月 21 日確認）
2 ）母体保護法に定められた適応条件は以下のとおりである。
　　第 14 条 都道府県の区域を単位として設立された公益社団法人たる医師会の
　　　　指定する医師（以下「指定医師」という。）は，次の各号の一に該当する者
　　　　に対して，本人及び配偶者の同意を得て，人工妊娠中絶を行うことができ
　　　　る。
　　　　一　妊娠の継続又は分娩が身体的又は経済的理由により母体の健康を著し
　　　　　　く害するおそれのあるもの
　　　　二　暴行若しくは脅迫によって又は抵抗若しくは拒絶することができない
　　　　　　間に姦淫されて妊娠したもの
　　　　2　前項の同意は，配偶者が知れないとき若しくはその意思を表示すること
　　　　　ができないとき又は妊娠後に配偶者がなくなったときには本人の同意だけ
　　　　　で足りる。
3 ）https://www.filii.net/

■ 引用文献

朝日新聞アピタル（2020）中高生の望まぬ妊娠，コロナ休校で懸念，相談が過去最多
　　（2020 年 5 月 12 日）.〈https://www.asahi.com/articles/ASN5D4J68N5DTLVB
　　006.html?iref=pc_photo_gallery_breadcrumb〉（2021 年 7 月 21 日確認）
警察庁（2021）令和 2 年における少年非行，児童虐待および子供の性被害の状況.
　　〈https://www.npa.go.jp/publications/statistics/safetylife/R2.pdf〉（2021
　　年 7 月 21 日確認）
厚生労働省ホームページ 性感染症報告数（2004 年〜 2019 年）.〈https://www.
　　mhlw.go.jp/topics/2005/04/tp0411-1.html〉（2021 年 8 月 17 日確認）
厚生労働省（2018）平成 29 年度衛生行政報告例 母体保護関係.〈https://www.
　　mhlw.go.jp/toukei/saikin/hw/eisei_houkoku/17/dl/kekka6.pdf〉（2021
　　年 7 月 21 日確認）
厚生労働省エイズ動向委員会（2020）令和元年エイズ発生動向年報.〈https://

api-net.jfap.or.jp/status/japan/data/2019/nenpo/r01gaiyo.pdf〉（2021年7月21日確認）

文部科学省（2016）性同一性障害や性的指向・性自認に係る，児童生徒に対するきめ細かな対応等の実施について（教職員向け）.〈https://www.mext.go.jp/content/20210215_mxt_sigakugy_1420538_00003_18.pdf〉（2021 年 7月21日確認）

政府広報オンライン（2019）SNS 利用による性被害等から子供を守るには.〈https://www.gov-online.go.jp/useful/article/201508/1.html#section1〉（2021年7月21日確認）

渡辺真由子（2013）メディアの性情報と性情報リテラシー――性教育にメディア・リテラシーを. 現代性教育研究ジャーナル, **25**, 1-8.

12章

学校危機と心のケア

■ 予習課題 ■

1. 心理的支援が必要な学校の危機となる出来事にはどのようなものがあるでしょうか。調べてみましょう。

2. 学校管理下における事故が発生した際，すぐに行う対応としては何があるでしょうか。

3. 自然災害が発生した際，すぐに行う対応としては何があるでしょうか。またその後の対応としては何があるでしょうか。学校内での対応，専門家や外部機関との連携の視点から考えてみましょう。

12章

学校危機と心のケア

宮下敏恵

■ はじめに ■

　学校保健安全法（2008年公布，2009年施行）の第29条において，学校は児童生徒等の安全の確保を図るため，危険等発生時に教職員が行う具体的な手順を作成することが示されている。さらに第29条3項においては，心理的外傷その他の心身の健康に対する影響を受けた児童生徒の心身の健康を回復させるために，教職員が必要な支援を行うことが記載されている。

　子どもたちが安心して学校で安全に過ごすことはあらゆる教育の基盤であり，そのために教職員は何をすべきかについて考えていきたい。知識・技術編では危機対応とは何か，危機対応の必要性，危機対応の原則について解説し，事例編では実際にどのように対応すべきか検討する。

1 危機対応とは

　子どもたちが生き生きと学び，種々の活動に意欲的に取り組み，心身ともに成長していくために，安全で安心な環境が整っていることは大前提である。不安な状況では安心して学び活動することはできない。学校における危機とは「児童生徒や学校全体を巻き込む突発的で衝撃的な出来事が生じることによって，学校全体が機能不全に陥った状態」を意味している（林，2012）。混乱した学校において，本来の機能を早急に回復させることが重要とされている。

　子どもたちの安心できる環境づくりのために，学校においては様々な安全管理，安全教育が行われている。学校安全の構造（文部科学省，2014）は図12-1に示したとおりである。「学校の危機管理マニュアル作成の手引」（文部科学省，2018）に想定される危険としてあげられているものは，体育や運動部活動での事故，熱中症，食物アレルギーなどの学校管理

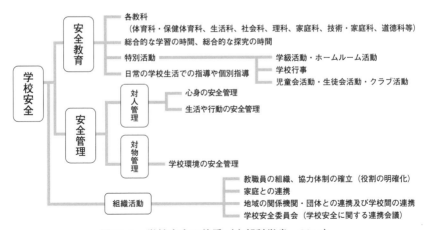

図12-1　学校安全の体系（文部科学省，2014）

下における事故，不審者侵入や通学中などの児童生徒の安全を脅かす犯罪被害，登下校中や校外活動中の交通事故，地震・津波や風水害などによる災害，学校に対する犯罪予告や弾道ミサイル発射などの危機事象などである。以上のような幅広い事象に対して，事前・発生時・事後の三段階の危機管理を想定して危機マニュアルを作成し，安全管理と安全教育の両面から取り組みを行うことが求められている。もちろんこれらの対応のためには学校だけではなく，家庭や地域，関係機関との連携が必要とされており，連携を図った学校安全対策は今後ますます求められるといえるだろう。学校における遊具の点検や通学路の安全確保，地域と連携した避難訓練，大雨や台風，大雪など様々な気象災害への対応など多岐にわたる安全管理と安全教育が行われている。そのほかにも，学校の危機となる出来事としては，教員の突然死や教員の不祥事，地域における衝撃的な事件，事故なども心理的支援が必要な場合があるとされている（福岡県臨床心理士会，2020）。

　学校における危機は多岐にわたっており，上地（2003）の分類の個人レベルの危機（不登校，家出，虐待，家庭崩壊，自殺企図，家族の不幸な出来事等）も入れると教職員すべてが常に対応する必要があることがわかるだろう。

2 危機対応の必要性

　1995年の阪神・淡路大震災以降，緊急支援，危機管理の必要性が叫ばれるようになり，2001年の大阪教育大学附属池田小学校における児童殺傷事件を契機に学校の安全管理，危機対応の重要性がさらに認識されるようになったといわれている（福畠，2019）。学校内で生じた事件や登下校時に生じた事件，そして2004年の新潟県中越地震，2011年の東日本大震災など自然災害における危機対応はもちろん，中長期にわたる支援が必要であることが広く認識されるようになった。適切な時期に適切な対応を行えば多くの健康な子どもの反応は収束可能であり，適切な時期に適切な

対応がなされないと反応の長期化，重篤化の危険性がある。専門的なケアにつなぐ必要性のある児童生徒を早期に発見するためにも危機対応は重要な意味をもっている（福岡県臨床心理士会，2020）。

　2004年に発生した新潟県中越地震を例に危機対応について述べる。自分が勤務する学校で震災が起こったら，どのように対応をするだろうか。2004年10月23日（土）17時56分に発生した中越地震は新潟県の中央の中山間地帯を震源とし，最大震度7を記録している。震源は川口町（現長岡市）の地下約13キロでマグニチュード6.8であった。震源が浅かったため揺れは強烈であり，地震があった23日の24時までに震度5弱以上が10回，震度4が15回と余震の多さが特徴的であり，子どもだけではなく大人さえも不安と恐怖にさいなまれることとなった。

　市町村立学校においては，10月24日の日曜日から教職員が出勤し，道路が寸断されてライフラインもままならない中，徒歩で家庭訪問をするなど，10月29日までに児童生徒の安否確認を行っている（新潟県中越大震災記録誌編集委員会，2006）。学校は臨時休校となったものの，学校の体育館や教室などは避難所となり，避難所の運営についても教職員はサポートをしている。学校の再開に向けて，校舎や校地内の被害状況，通学路の安全，児童生徒の在籍状況（他県への避難状況等）などの確認を行っている。地震から約2週間後の11月8日にはすべての学校が再開している。11月8日の時点においてはまだガスは復旧しておらず，震源地の川口町においては電気の復旧が11月3日であったことを考えると，学校再開までの教職員の努力は計り知れないものであったと考えられる。また11月15日にはすべての学校においてパンや牛乳などの給食が実施され，12月10日には温かい給食が実施されるまでになっている。少しでも早く日常を取り戻し，安心できる環境をつくりたいという教職員の努力なくしてはこれほど早い再開はできなかったといえるだろう。教科書等の学用品の必要数を調査し支給することや，授業の遅れの回復，進路の指導，さらには避難者が学校にいる中で，どのように授業を実施していくか，そして，運動場に仮設住宅が建設されるため，体育をどのように実施していく

かなど，学校の危機において様々な面から支援対策を行うことが求められた。

　もちろん，心のケアについても早急に対応が始められ，新潟県臨床心理士会だけではなく近隣の県からもカウンセラーが派遣されている。11月に入ってすぐに，心のケアについての研修会が開かれ，チェックリスト（こころの健康調査）の実施やカウンセラーの派遣についての説明が各学校の担当者を集めて行われた。その後，各学校で学級ごとに児童生徒にチェックリストを実施し，結果を集計し，また教職員が直接児童生徒を観察した結果とあわせて心配な様子と判断された児童生徒について，11月11日から29日に第1回のカウンセリングが実施されている。このように地震から約1カ月の間に学校再開に向けての準備や心のケアの開始など，混乱した学校を安定させるために様々な対応を行う必要がある。心のケアについては，2004年度は11月からほぼ毎月1回実施されていた。

　震災直後の学校再開までの苦労も並々ならぬものであったが，再開後も大雪の年になったため，教職員の通勤の大変さに加え，校地内の除雪，通学路の安全確保，避難者のサポート，全国や県，市町村からの支援物資，ボランティアの受け入れなど中長期的に対応することが求められた。中越地震による心のケアについては，3年後に中越沖地震が発生し，強い揺れを記録した地域が重複していたこともあり，中越沖地震から10年後の2017年度まで実施された。中越地震から約13年間，心のケアが行われたことから長期間にわたり危機対応を行う必要があることがわかるだろう。

3　危機対応の原則

　学校における危機管理については，危機が起こる前にできるだけ危機が生じないように対処する危機管理（リスクマネジメント），危機的状況が発生した後の対応となる危機管理（クライシスマネジメント）に大別される。近年では福畠（2019）が指摘するように事後段階で危機からの回復

を図り，教訓を得た上で事前の予防段階に戻るという循環的なモデルが重視されるようになっている。

(1) 事前の危機管理（リスクマネジメント）

　事前の危機管理は事件・事故の発生を未然に防ぐ取り組みである（瀧野，2006）。図12-1に示した学校内の施設や設備の点検を行うことや通学路の安全を点検するなどの安全管理，避難訓練や危機予測・危機回避能力の育成などの安全教育があげられる。例えば避難訓練においては，どのような危険から避難するのかによって，取るべき避難行動が変わってくる。地震が発生し避難するのか，外部からの侵入者から避難するのか，避難の目的により訓練は異なる。地震においても学校環境や周辺の地形により，津波を想定する必要があるのか，土砂災害を想定する必要があるのか，どこに避難することがよいのかなど事前に検討しておく必要がある。

　学校安全に関する取り組みの中心は教職員であり，「全ての教職員が，学校管理下における児童生徒等の安全に万全を期すという強い意識を持つとともに，児童生徒等の健康と安全を守る上で必要なことや，児童生徒等に対する指導内容・方法等に係る基礎的な知識・技能を身に付けておかなければならない」（文部科学省，2017）とされている。児童生徒が安全で安心な学校生活を送るために教職員が日頃から危機管理に高い意識を持ち，様々な場面で安全教育を実施し，子どもたちが自身で身を守り危険を回避できる力を養っていくことが重要である。

　文部科学省（2018）の「学校の危機管理マニュアル作成の手引」にはわかりやすく個々の事例の対応が説明されている（図12-2）。地震や火災，不審者の侵入，食物アレルギーによる呼吸困難など一刻の猶予も許されない即時の対応が求められる場合も多い。まず何をするのか，どのように対応するかについて，日頃から具体的にイメージしながらシミュレーションしておくことが重要である。リスクマネジメントにおいては，実際に危機が生じたときにすぐに行動できるようになるための想像力が必要であり，学校での訓練の際は，自分がその場においてどう動くかについて，

しっかりと想像しながら訓練を行ってほしい。危機管理の中核となるのは管理職であるが、ときに災害や事故は管理職が出張等により不在の際にも発生する。一人ひとりが、マニュアルをすぐ取り出せる場所に常備したり、職員室や各教室に掲示したりして、常に確認できるようにしておくことも大事である。

　図12-2の右上にある3つの方針、「1. 児童生徒等の安全確保、生命維持最優先」「2. 冷静で的確な判断と指示」「3. 適切な対処と迅速正確な連絡、通報」は危機が生じた際の重要な方針であるが、これらは日々の教育活動においても同様に重要な方針であり、日常から留意することで危機時のトレーニングにもなりうる。登校時の子どもの様子、朝の健康観察時における子どもの表情の観察、事故のない授業づくり、食物アレルギーをもつ子どもの給食時の対応など、子どもの生命の安全を最優先に考え、適切な対処を行うことが重要である。日頃からこの3つの基本方針をもとに教育活動を行っていくことが危機を未然に防ぐことにもつながり、さらには危機が生じたときの対応を的確に行えることにもつながるといえる。

　また、学校内において日頃から相談できるようにしておくことも重要である。学校内には同僚の教員をはじめ、管理職や養護教諭、栄養教諭、教育補助員、用務員、事務職員、介護や看護に携わる職員、学校司書、給食調理員、スクールカウンセラー（以下、SC）など多くの教職員が働いており、様々な場面において子どもたちの支援に関わっている。危機的な状況に陥った際には学校内の多様な専門性をもった人と相談できるように日頃から関係を形成しておくことが重要である。さらには学校外の教育委員会、市町村の子ども課や児童相談所などの福祉行政機関、学校医や近隣の医療機関など地域にどのような連携先があるかを知っておくことが大切である。

⑵ 危機中

　事件や事故、災害などの危機が生じた場合、第一に優先すべきことは児童生徒の安全の確保、命を守ることである。そのためには児童生徒を助け

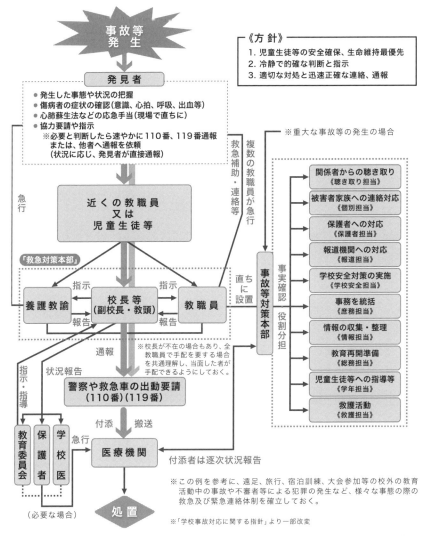

図12-2　事故等発生時の対処，救急および緊急連絡体制（文部科学省，2018）

守り，怪我などの症状を確認し，直ちに応急手当などを行うことが必要である。養護教諭をはじめ教職員に急行してもらうように近くにいる教職員や児童生徒に伝えてもらう。できるだけ落ち着いて状況を把握し，管理職等に連絡し指示を仰ぐ。管理職等は役割分担を指示し，速やかに対応を行

う。ただし生命に関わる緊急事態では管理職への報告よりも救命処置を優先させ迅速に対応することが示されている（文部科学省，2018）。救急車の要請や周囲の児童生徒の安全を確保し，不安を高めないためにも，安全な場所に誘導し，児童生徒の安否確認を行い，所在が不明となっている児童生徒がいないかなどの確認を行う。いつ，どこで，誰が，誰と，どのような状況なのかを報告する。必要に応じて警察や救急車の出動を要請するなどの行動をとる。児童生徒が医療機関に搬送される場合は教職員が付き添い，逐次状況を管理職等に伝える。搬送された児童生徒の保護者に連絡をする。そしてすぐに緊急対策会議を開き，今後の対応や役割分担などを決定する。

　事故，事件，災害など生じた危機により対応は様々に想定される。すぐに授業を中断し下校させるのか，避難誘導を行うのか，被害が一部であれば大勢の児童生徒の授業は続けるのかなど，慎重かつ素早い判断と対応が求められる。児童生徒にはどのように事実経過を伝えるのか，教職員間で共通した内容にする必要がある。現時点でわかっている事実経過を児童生徒に伝え，落ち着かせる指導を行う。その際，身体症状や不安を訴える児童生徒の様子をみとり，早期に対応する必要がある児童生徒については，養護教諭やSCなどにケアを依頼する。アンケートなどを行い，心理的な影響だけではなく身体症状の影響も考慮し，リスクが高い児童生徒や本人が希望する場合はカウンセリングにつないでいく。事件・事故・災害に巻き込まれたり，現場を目撃したりした児童生徒はもちろん，被害を受けた子どものきょうだいなどにも注意する必要があり（小林，2012），部活動や委員会，登下校の班など様々な関係の中で影響を受ける児童生徒がいる可能性を考えておくことが重要である。影響が大きい児童生徒には担任が家庭訪問をして家庭での様子も把握するなど細やかなケアを行う。

　教育委員会等への報告，学校外からの問い合わせ，マスコミ対応，PTAへの説明・連絡，学校外の連携先への依頼など様々な対応を組織的に行う。危機的状況においては不安や動揺から様々な流言が生じるため，マスコミの対応などは学校の窓口を一本化しておく。混乱を最小限にとど

めることが重要であり，被害を受けた子どもや保護者の意向を最優先にし，現時点でわかっていることはできるだけ正確に伝えていくことが必要となる。

　教職員が動揺しないために，危機状況における児童生徒の特徴を理解しておく必要がある（図12-3）。非常に強い恐怖を伴う体験や衝撃的な出来事を体験した場合，侵入，回避，過覚醒，認知と気分の否定的な変化などの急性ストレス障害（Acute Stress Disorder: ASD）がみられる。「侵入」とは思い出したくないのに繰り返し思い出し苦痛を感じることであり，悪夢を繰り返しみたり，衝撃的な体験に関連した話や行動を繰り返したりすることもある（津波ごっこの遊びを繰り返すなど）。「回避」は衝撃

事故等に遭遇

恐怖体験
心のキズ

PTSDの三大症状

○ 持続的な再体験
・体験した出来事を繰り返し思い出し，悪夢を見たりする。
・体験した出来事が目の前で起きているかのような生々しい感覚がよみがえる（フラッシュバック）。等

○ 体験を連想させるものからの回避や感情がまひしたような症状
・体験した出来事と関係するような話題などを避けようとする。
・体験した出来事を思い出せない。
・人や物事への関心が薄らぎ，周囲と疎遠になる。等

○ 感情・緊張が高まる
・よく眠れない，イライラする，怒りっぽくなる，落ち着かない。
・物事に集中できない，極端な警戒心を持つ，ささいなことで驚く。等

PTSDの予防・対応
● 普段の生活リズムを取り戻す
● 症状が必ず和らいでいくことを伝え，安心感を与える
● 児童生徒等が嫌がることはしない

心の健康状態の把握
● 保護者等の情報
● 保健室の来室状況
● 質問紙による調査
● 日常生活の健康観察
※ 学校は養護教諭を中心として心身の健康状態の把握に努める

支援体制の確立
学校を中心として専門家（精神科医，カウンセラー等）・地域の関係機関等との連携

※ 非常災害時の心のケアが，効果的に行われるためには，日頃から教育相談や健康相談が学校の教育活動に明確に位置付けられ，円滑に運営されていることが大切です。また，学校内では，教職員，学校医，スクールカウンセラー等の連携を図ることが重要です。

回　復

図12-3　事後の危機管理：心のケア（文部科学省，2018）

的な出来事に関連した場所や状況を避けることであ。「過覚醒」は眠れない，イライラして攻撃的になる，過度に警戒する，自己破壊的な行動をとるなどである。「認知と気分の否定的な変化」は私が悪い，誰も信用できないなどの過度に否定的な思考であったり，怒りや罪悪感が続いたりすることである。非常に強い恐怖を伴う体験をした場合，このような症状は誰にでも生じる可能性があり，1カ月未満であれば急性ストレス障害（ASD）とされ，危機的な状態においては正常な反応といえる。児童生徒自身や保護者が普段とは異なる状態に動揺するかもしれないが，その場合はこのような反応が生じるのは当然の反応であることを伝えるなど，養護教諭やSCと連携し心理教育を行う。以上の反応が1カ月以上継続し減少傾向がみられない場合はPTSD（心的外傷後ストレス障害）の疑いもあるため，養護教諭やSCと相談し医療機関と連携することが必要である。

　このような反応の変化については，危機以前の児童生徒の様子を知っている学級担任が最も気づきやすいといえる。例えば，日頃からおとなしい児童ではあるものの，以前に比べて表情が乏しくなっている，などの変化に気づくことができるのは学級担任であるため，危機が生じた際の子どもの様子の変化に気づけるよう，日頃から児童生徒の様子を把握しておくことも大切である。

　危機が生じた際のケアの1つめのポイントとしては，身体面はもちろん，心理面，対人面における安心，安全が守られるようにすることがあげられる。二度と被害にあわないよう，守られており，ひとりではないことを実感できるよう，環境を整えることが求められる。学校や家庭で安心して過ごせるようにすること，対人関係においても自己が尊重され，おびやかされないようにすることなどが必要である。2つめのポイントとしては，正しい知識を伝えることと日常性の回復である。正確な情報を子どもの発達段階に応じて伝えることが子どもの安心には必要であり，どのように対処したらよいか，どういうことが生じるかなどについてもわかりやすく伝えたほうがよい。同じようなことが生じた際には，子どもたち自身がどのように行動したらよいかを明確に伝えることにより自分で対処できる

自信にもつながるだろう。そして可能な限り日常生活を早く回復すること
が大事である。危機の内容にもよるものの，学校をできるだけ早く再開
し，いつもと同じ学級の仲間と授業や給食，清掃などの活動を行うことに
より，安心や安全な感覚につながっていく。3つめのポイントとしては，
非常に恐怖を伴う体験に関して，児童生徒の主体性やペースを守ることで
ある。つらい体験について自分が話したいときに話したいように話すとい
うことが大切であり，無理に話を聞かれたり，絵を描いたり，作文を書い
たりしなくてもよいことを伝え，傷ついた自分を大事にしていくことがで
きるように本人のペースを守ることが求められる。

(3) 危機後

　危機後においても，定期的に保護者に状況を連絡することが大切であ
る。また子どもたちの様子を観察し，気になることがあれば保護者との連
絡を密にすることも求められる。個別のケアが必要となった児童生徒につ
いて，連携先との定期的な情報共有や学校ができる支援について相談して
いく。また危機的な出来事の1年後にはマスコミの報道などにより，落
ち着いていた子どもが不安定になる可能性もある（宮下，2014）。転出入
や進学，入学に関する相談なども必要となる場合があり，混乱による余波
をできるだけ少なくなるようにすることが重要である。危機対応はもちろ
ん，危機前の段階での課題を振り返り，原因を分析し，危機対応マニュア
ルを改訂していくことが望まれる。

　衝撃的な出来事を体験した場合，井出（2018）が指摘するように困難
な状態に陥りながらもそこから回復したり，ときにはより成長した姿を示
すようになったりする。中長期的な対応としては，一人ひとりのペースは
大事にしながらも，学習活動や部活動など教員があらゆる教育活動の中で
児童生徒の自己肯定感を高め，有能感や自己解決能力を養っていくことが
重要である。

　　　　　　　　　　　…設問つきワークシート（目次末尾参照）

　以下の事例 1，事例 2 について，教員（学校）がどのように対応する
か，知識・技術編に示された視点から考えてみてください。

事例 1 --

　　小学 3 年生の男子 A は下校後，友だちと遊ぶために自転車で出か
　けた。信号機のない横断歩道を自転車から降りて渡っていたところ，
　右折してきた自家用車に接触した。自転車ごと下敷きになり，病院に
　緊急搬送された。
　　市の教育委員会から A が交通事故にあったと学校に電話があり，
　出張中であった校長に連絡をし，対応を協議しようとしていたとこ
　ろ，父親から学校に電話が入った。A が交通事故にあった，B 病院に
　緊急搬送された，容体はわからない，これ以上詳しいことはまだわか
　らないと混乱した様子で話し，職場から B 病院に向かっている途中
　とのことであった。
　　学級担任と教頭が病院に駆けつけたところ，両親と中学 1 年生の姉
　が落ち着かない様子であり，母親は青ざめた表情のまま座り込んでお
　り，姉のほうが母親を気遣っていた。主治医から，A は足と鎖骨の骨
　折および全身打撲によりしばらく入院する必要があるとの説明があっ
　た。
　　その後，警察と事故の事実を情報共有すると，加害者は同校在籍児
　童（小学 4 年生）の祖母であったことがわかった。また A と当日遊ぶ
　予定だった同じクラスの C は救急車のサイレンの音を聞いており，A
　が事故にあったことを聞いてショックを受け，翌日学校を休んでいる。

事例 2 -

　中学 3 年生の女子 D は，2 学期前日である夏休みの最終日の朝に鎮痛薬を大量に服用した。もともと学校を休みがちで不登校傾向が心配されていた生徒であったため，学級担任が 2 学期初日の登校について相談しようと家に電話をしていたが連絡がつかず，家庭訪問をしたところ，玄関の奥で朦朧とした状態になっている D を発見した。

　すぐに救急に連絡をし，病院に搬送したところ，一命はとりとめたがその日は入院となった。家族に連絡をとるため，父親に電話したが，仕事のため遠距離に滞在中ですぐには病院に来ることはできず，駆けつけるのは次の日の朝になるとのことであった。姉に連絡をしたところ，2 歳の子どもを連れて病院に駆けつけたが子どもの世話のため夕方には家に戻った。D は小学校のときから欠席はやや多かったが，中学 2 年生の 1 学期に部活動での人間関係トラブルにより，部活動をやめた後，さらに欠席が多くなった。D の両親は D が 5 歳のときに離婚し，父子家庭である。父親は県外への出張が多い仕事のため家を空けることもある。7 歳離れた姉は 20 歳のときに結婚し出産したが，離婚して昨年実家に戻ってきた。姉は子どもを預けて働いているが，土日が仕事のため，土日は D が姉の子どもの面倒をみており，姉の子どもが熱を出したときは D が学校を休んで世話をすることもあった。

■ 引用文献

福畠真治（2019）学校安全におけるレジリエンス概念の意義──「危機管理」の捉え方の差異に焦点を当てて．国立教育政策研究所紀要, 148, 23-40.

福岡県臨床心理士会編（2020）学校コミュニティへの緊急支援の手引き 第 3 版．金剛出版.

林 幹男（2012）学校危機における緊急支援と児童生徒のこころのケア．福岡大学研究部論集社会科学編, 5, 1-6.

井出智博（2019）外傷体験と教育相談．［高岸幸弘・井出智博・蔵岡智子 これから

の教育相談──答えのない問題に立ち向かえる教師を目指して. 北樹出版, 171-187.]

小林哲郎（2012）学校危機と心のケア.［本間友巳編著　学校臨床──子どもをめぐる課題への視座と対応. 金子書房, 154-169.]

宮下敏恵（2014）中越地震後においてこころのケアを受けた小学生の特徴分析.［学校防災研究プロジェクトチーム　生きる力を育む学校防災Ⅱ. 協同出版, 164-186.]

文部科学省（2014）「生きる力」をはぐくむ学校での安全教育.〈https://anzenkyouiku.mext.go.jp/mextshiryou/data/seikatsu03_h31.pdf〉（2021年7月3日確認）

文部科学省（2017）　第2次学校安全の推進に関する計画.〈https://www.mext.go.jp/a_menu/kenko/anzen/1383652.htm〉（2021年7月3日確認）

文部科学省（2018）　学校の危機管理マニュアル作成の手引.〈https://www.mext.go.jp/a_menu/kenko/anzen/1401870.htm〉（2021年7月3日確認）

新潟県中越大震災記録誌編集委員会（2006）中越大震災（前編）──雪が降る前に. ぎょうせい.

瀧野揚三（2006）学校危機への対応──予防と介入. 教育心理学年報, 45, 162-175.

上地安昭（2003）教師のための学校危機対応実践マニュアル. 金子書房.

13章

外国人児童生徒

■ 予習課題 ■

----

1. 国公私立小中高等学校に通う外国人児童生徒はどのくらいいる でしょうか。また在籍者の出身国（国籍）で多いのはどの国・ 地域でしょうか。

----

2. 外国人児童生徒はオールドカマーとニューカマーに分けられま すが，オールドカマー，ニューカマーとはどのような人たちで しょうか。

----

3. 外国人児童生徒が日本の学校に就学するときとしたあとで問題 （課題）となることをあげてください。

13章

外国人児童生徒

森 慶輔

■ はじめに ■

　近年，小中高等学校等における外国人児童生徒数は増加するとともに，外国人の子どもの不就学をはじめとした教育環境に関する問題も指摘されている。また，新たな在留資格が 2019 年より創設され，将来的には家族帯同により来日した外国人の子どもの就学がさらに増加することが見込まれる。このような現状を踏まえ，外国人児童生徒が日本の学校に就学し，学習を進める上での課題と対策について概観するとともに，適切な支援について考えたい。

知識・技術編

1 外国人児童生徒とは

　2013 年以降，外国人登録者数は年々増加しており，毎年，過去最高値を記録していたが，2020 年初頭から拡大した新型コロナウイルス感染症の影響で減少に転じている。出入国在留管理庁によると，2020 年 6 月末の在留外国人数は 288 万人超となっている。日本に住む外国人の出身国・

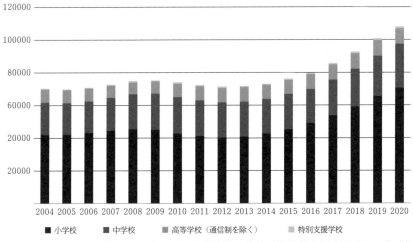

図13-1　公立学校に在籍する外国人児童生徒数の推移（学校基本調査をもとに作成）

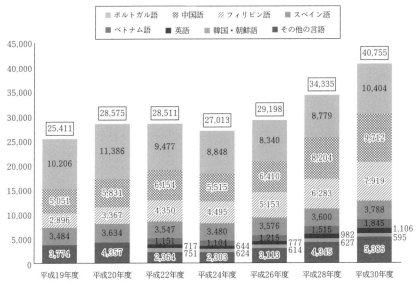

図13-2　日本語指導が必要な外国籍の児童生徒の母語別在籍状況（文部科学省，2019）

地域はアジアが全体の 84 ％を占め，国籍は多い順に中国，韓国，ベトナ
ムとなっている。また東京圏，中京圏，関西圏に全体の 2/3 以上が居住
している（法務省，2020）。

在留外国人には，日本による朝鮮植民地支配に，直接，間接に歴史的なルーツをもつ，いわゆる在日コリアンと呼ばれる「オールドカマー」と，1980年代以降に中国，韓国，ブラジル，フィリピンなどから来日した，中国残留帰国者や日系南米人をはじめとした外国人やその子孫である「ニューカマー」がいるが，1990（平成2）年の「出入国管理及び難民認定法」の改正以降，ニューカマーが激増している。こうしたニューカマーは就労目的で配偶者や子どもとともに来日するが，経済的，社会的理由から日本の公立学校への就学を選択することが多く，こうしたことから外国人児童生徒数も，日本語指導が必要な子ども[1]も増加の一途を辿っている（図13-1，図13-2）。

2 外国人児童生徒への教育の現状と課題

在留外国人統計によると，小学生の学齢である在留外国人は約10万人，中学生の学齢である在留外国人は約4万人，高校生の学齢である在留外国人は約4万人となっている（法務省，2020）。しかし「外国人の子供の就学状況等調査結果（確定値）」（文部科学省，2020a）によると，外国籍の子ども19,471人が不就学の可能性があるという。「外国人児童生徒等の教育の充実について（報告）」（文部科学省，2020b）では，すべての外国籍の児童生徒の就学を目標に，就学前段階や高等学校段階，高等学校卒業後も包括的に支援する必要があるとしているが，外国籍の子どもには就学が義務づけられていない。そのため保護者や子どもが就学を希望しなければ，不就学になりやすい。また文部科学省が2005〜2006（平成17〜18）年にかけて行った調査では，不就学者の8割以上が日本の公立学校に入学する方法や手続きを知っていたが，様々な理由で不就学になっている実態も明らかになっている（文部科学省，2007）。

公立学校への就学後も課題は多い。坂本・渋谷・西口ほか（2014）では日本語の習得，学校生活への適応，学力の獲得が，藤田（2012）では日本語の習得と学力の向上，進路選択や生活習慣，母語と母文化の維持，

アイデンティティの形成，友人関係をはじめとする対人関係の難しさがあげられている。

　外国人児童生徒はほとんどの場合，入学・編入した時点で日本人と同じクラスに所属し，その日から日本語のみで行われる授業を受けなければならない。加配教員等による日本語の取り出し授業が行われることもあるが，教員の絶対数が不足しており，こうした配慮がなされないケースも多々あるため，意思の疎通も図れないという事態が起こってしまう。そして日本語を母語としない，日本国籍であるが様々な事情により日本語が不自由な児童生徒にとって，学校の授業を理解するためには日常会話（生活言語）とは異なる学習言語の習得が必要だが，こうした家庭では日常的な会話は保護者の母国語でなされることが多く，学習言語を家庭で習得するのは至難の技であるといえる（図 13-3）。また保護者が日本語をほとんど理解できないことも多く，こうしたハードルが外国人児童生徒の学力獲得の障害となることが多い。そして授業がわからず，不登校や中途退学につながってしまうケースも少なくないと考えられる。しかし，2019（令和元）年 6 月に公布・施行された「日本語教育の推進に関する法律」により，日本語教育の推進に関する施策を策定・実施する責務が国に課され，幼児児童生徒等に対する日本語教育の充実を図る施策が行われつつあり，こうしたケースが減っていくことが見込まれる。

　学校生活を送る上でのルールなどの多くは日本の文化や習慣に裏付けられており，外国籍の児童生徒や保護者にとって容易に理解できるものでは

学習言語
下線部を読みなさい。
アサガオを観察しましょう。
三角形と四角形を比較してください。

生活言語
こんにちは。
学校に行く。
それでいいよ。

図13-3　生活言語と学習言語

ない。しかし，それへの適応が求められ，不適応を起こすケースも後を絶たない。武田（2019）にはピアス装着にまつわるケースが紹介されているが，母文化と日本の文化のミスマッチは価値観の問題でもあり，対応が難しいといえる。

　外国人集住都市会議（2019）の調査によれば，2018（平成30）年3月に中学校を卒業し全日制高校へ進学した割合は約60％にとどまっている。国全体では90％超が全日制高校に進学していることから，大きな差が見られる。また中途退学率，大学等進学率，非正規就職率，高等学校卒業後進路未決定率も大きな差が見られるが（文部科学省，2019），これらの背景には「学習言語としての日本語能力の低さ」と「進学に関する保護者の認識」があると考えられる。

3　外国人児童生徒への支援

　近年，日系ブラジル人などニューカマーの外国人について，わが国への定住化や滞在期間の長期化の傾向が見られ，そのような中で外国籍の子ども，あるいは日本国籍をもつ日本語に不自由な子どもに対する日本語教育やわが国の社会への適応のための教育が重要となっている。ここではニューカマーの子どもへの支援について，群馬県太田市の事例を紹介した森（2019）を基に概観する。

　群馬県太田市は2021年8月末現在で人口223,000人を超える，群馬県第三の都市である。株式会社SUBARU（旧・富士重工業）の企業城下町であり，自動車製造の担い手として，低コストの労働力である外国人労働者に依存しており，2021（令和3）年8月末現在で人口の5％以上が外国人であり，特に日系ブラジル人の割合が高い。こうした現状を踏まえ，1990（平成2）年度より日本語とポルトガル語等に堪能な日本語指導助手を太田市独自で学校に配置し，2004（平成16）年度より「定住化に向けた外国人児童・生徒の教育特区」となり，現在では文部科学省の「公立学校における帰国・外国人児童生徒に対するきめ細かな支援事業」によ

る補助を受け，外国人児童生徒への支援を行っている。太田市では「適応指導」「日本語指導」「学力保障」を三位一体とし，施策を進めている。

　まず市内の小中学校区を 8 ブロックに分け，在籍に応じて国際教室を設置し，国際教室担当教員，バイリンガル教員と日本語指導助手がチームを組み，外国人児童生徒の日本語，教科学習の習熟度に応じて，きめ細かい指導を行っている。バイリンガル教員，日本語指導助手とも日本語とポルトガル語，スペイン語，ベトナム語，中国語等の言語に堪能であり，バイリンガル教員は日本もしくはブラジル等の教員免許をもっている。また次年度に就学する子どもを対象にプレスクールを開講し，学校適応を支援するための授業を実施したり，外国籍の保護者に対して日本の学校生活や教育制度等に理解を深めてもらうためのオリエンテーションを実施したりしている。そして円滑な就学と学習への移行を目的に，編入学直後に基礎的な日本語と日本の学校生活について約 2 カ月にわたって学習する「プレクラスひまわり教室」も開設している。こうした取り組みは着実に成果を上げ，高校進学率は 2017（平成 29）年には 93 ％となり，日本人とほぼ変わらない水準になっている。

　群馬県太田市の事例からもわかるように，外国人児童生徒への支援には日本語教育の充実を柱としたきめ細かい施策が必要であると同時に，こうした外国人が定住するという長期的展望に立った施策を継続的に行っていく必要があるといえよう。そして日本と母国とで生活習慣が異なることでの悩みやアイデンティティ形成でのつまずきなどへ，心理社会的な側面からのアプローチがなされていくことも重要であるといえる。

事例編 　　　　　　　　　**…設問つきワークシート（目次末尾参照）**

　以下の事例 1，事例 2 について，教員・保育者（学校・園）がどのように対応するか，知識・技術編に示された視点から考えてみてください。

　幼稚園年長組の女子Ａはエジプトから来日して１カ月あまりであり，多国籍企業に勤める父親と専業主婦の母親との３人家族である。両親とも日本語をまったく話せないため，Ｂ幼稚園に入園するための手続きには父親の会社の同僚が同行してきた。Ｂ幼稚園としては不測の事態などに備えるため，この同僚に連絡先を教えてもらい，助力をお願いするとともに，少しでも両親と会話ができるようにと園所有のスマートフォンに多言語音声翻訳アプリを導入することにした。

　エジプトは階級層が高いほど子どもの教育に熱心で，来日前に通っていた幼稚園では簡単な計算や読み書きをやっていたらしく，両親はＢ幼稚園ではやっていない計算などの勉強を教えるように要望してきた。その一方で，基本的な生活習慣はあまり身についていなかった。通園カバンの片づけ，上履きや靴の脱ぎ履きなども保育者が手助けしないとできなかった。保育者は自分のことは自分でできるようになったほうがよいと考え，なるべく手助けせず，見守るようにしているが，なかなか苦労している。

　またＢ幼稚園は完全給食だが，Ａは宗教上の制約により，豚肉をはじめとした肉類，貝類，イカやタコ，アルコールが添加されている調味料などを口にすることができず，園の給食はほとんどが食べられないようだった。両親に相談すると，エジプトには給食の時間がないため，どうしてよいかわからない様子であった。そのため，保育者が何かＡの食べられるものを持たせてほしいとお願いすると協力してもらえることになった。しかし，母親はパン，お菓子や清涼飲料水などを持たせるため，保育者が周りの園児に「どうしてＡさんはお昼にお菓子を食べているの？」と聞かれ，どう答えてよいか困っている。

　4 年前にブラジルから来日した 40 歳代前半の父親は大手自動車メーカーの下請け工場に勤務していたが，日本経済悪化の影響を受けて解雇されてしまい，現在求職中である。家族は 30 歳代後半の母親と中学 3 年生の女子 C の 3 人である。母親と C は父親より 2 年遅れで来日している。来日当初は経済的に安定した暮らしに満足していたが，家計が苦しくなってから父親と母親は口論することが増え，また同じ日系人仲間と夜に外出することが増え，C の世話がおろそかになっていった。両親とも簡単な日常会話はできるが，日本語の読み書きはほとんどできず，学校からのお知らせには漢字に振り仮名をふってもらい，C に説明してもらって対応している。C は来日当初は日本語もたどたどしく，日本での生活に慣れることに精一杯の様子だったが，現在では日本語での日常会話は問題ない。しかし学習言語（日本語の読み書き）の習得に苦労しており，成績は下降気味である。最近，部活動での人間関係がきっかけとなり，不登校気味になっている。最近の様子を気にした学級担任や養護教諭の勧めでスクールカウンセラーが話を聴くと「先輩後輩って難しい」「外国人は私だけ，勉強がわからないのも私だけで学校に行くのが怖くなった」「うちにはお金もないし，高校に進学できない。生きていくのがしんどい」と涙ながらに話す一方で，ブラジルにいたころの話をすると少し落ち着き，笑顔も見られた。　　　　　　（藤田，2012 より許可を得て改変掲載）

注
1 ）日本語指導が必要な子どもは外国籍の子どもだけでなく，日本国籍をもつ日本語が不自由な子どももいる。例えば，帰国児童生徒のほか，本人が重国籍または保護者の一人が外国籍である等の理由から，日本語以外の言語を家庭内言語として使用しており，日本語の能力が十分でない児童生徒が該当する（文部科学省，2019）。

■ 引用文献

藤田恵津子（2012）ニューカマーの子ども.［本間友巳編著　学校臨床──子ども
　　をめぐる課題への視座と対応. 金子書房, 66-77.］

外国人集住都市会議（2019）外国人集住都市会議おおた 2018 当日配布資料.
　　〈https://www.shujutoshi.jp/2018/siryo01.pdf〉（2021 年 7 月 23 日確認）

法務省（2020）在留外国人統計.〈http://www.e-stat.go.jp/SG1/estat/List.
　　do?lid=000001262529〉（2021 年 7 月 23 日確認）

文部科学省（2007）外国人の子どもの不就学実態調査の結果について.〈https://
　　www.mext.go.jp/a_menu/shotou/clarinet/003/001/012.htm〉（2021 年 8 月
　　22 日確認）

文部科学省（2019）日本語指導が必要な児童生徒の受入状況等に関する調査（平成
　　30 年度).〈https://www.mext.go.jp/content/20200110_mxt-kyousei01-1421
　　569_00001_02.pdf〉（2021 年 7 月 23 日確認）

文部科学省（2020a）外国人の子供の就学状況等調査結果（確定値).〈https://
　　www.mext.go.jp/content/20200326-mxt_kyousei01-000006114_02.pdf〉
　　（2021 年 7 月 23 日確認）

文部科学省（2020b）外国人児童生徒等の教育の充実について（報告).〈https://
　　www.mext.go.jp/content/20200528-mxt_kyousei01-000006118-01.pdf〉
　　（2021 年 7 月 23 日確認）

森 慶輔（2019）外国籍児童生徒への支援──群馬県太田市の事例［北島善夫・武
　　田明典編著　教師と学生が知っておくべき特別支援教育. 北樹出版, 104-105.］

坂本文子・渋谷淳一・西口里紗・本田量久（2014）ニューカマー外国人の子ども
　　の教育を受ける権利と就学義務──教育関係者への意見調査等を手がかりに. 大
　　原社会問題研究所雑誌, **663**, 33-52.

武田明典（2019）障害はないが特別の教育的ニーズのある子どもたち.［北島善
　　夫・武田明典編著　教師と学生が知っておくべき特別支援教育. 北樹出版, 93-
　　102.］

14章

児童虐待

■ 予習課題 ■

1. 児童虐待の相談対応件数はどのように推移していますか。厚生労働省の統計データで調べてみましょう。

2. 日本の法律で定められている児童虐待の4種類は何でしょうか。「児童虐待の防止等に関する法律」を調べてみましょう。

3. 学校や園に通う幼児児童生徒の被虐待が疑われたとき，あなたが教員や保育者であればどのように対応しますか。学校や園内での情報共有や児童相談所との連携についても多角的に考えてみましょう。

14章

児童虐待

菅野 恵

■ はじめに ■

　厚生労働省の「児童相談所での児童虐待相談対応件数」の統計によると，2020（令和2）年度の相談対応件数は205,029件（速報値）と過去最多を更新し，10年前と比較して約4倍に増加している（厚生労働省，2021）。児童虐待死事件も後を絶たず，どの学校でも児童虐待のリスクを抱えているといっても過言ではない。そこで，知識・技術編では児童虐待の現状や児童虐待のリスク要因などを概観し，学校としての対応のあり方について解説を行う。また事例編では，教員やスクールカウンセラーなどが実際に児童虐待の事例に直面したときの対応について検討を行う。

知識・技術編

1 児童虐待の基礎知識

　児童虐待というと暴力行為を連想しやすいが，「児童虐待の防止等に関する法律」（以下，児童虐待防止法）では身体的虐待，性的虐待，ネグレ

クト，心理的虐待の4種類からなる。身体的虐待は，殴る，蹴る，激しく揺さぶる，やけどを負わせる，溺れさせるなどであり，身体拘束も含まれる。性的虐待は，子どもに対する性的行為，性器を触れるまたは触れさせるなどのほか，性行為を子どもに見せることも該当する。ネグレクトは，食事を与えない，不潔にさせる，乳幼児を自宅に残したまま外出するといった育児の怠慢・放棄を指し，病気になっても病院に連れて行かない「医療ネグレクト」，学校に行かせない「教育ネグレクト」などもある。心理的虐待は，言葉による脅しや無視，きょうだい間での差別，子どもの目の前で夫婦間の暴力行為を見せる「面前DV」などがある。このように児童虐待といっても多岐にわたり，けがやあざのように目視しやすい虐待と，目に見えず発覚しにくい虐待があることにも留意したい。

2 児童虐待の現状とリスク要因

　児童虐待の相談対応件数について過去最多を更新していることは上述したとおりであるが（図14-1），ここで近年の傾向に触れたい。虐待種別の割合の推移をみてみると，2012（平成24）年度までは身体的虐待が最多だったものの，2013（平成25）年度から心理的虐待の割合が多くを占めるようになり，2016（平成28）年度には全体の50%を超えるようになった。連動して警察からの通告も50%に迫るほど増えていることから，DVの通報を受けて駆けつけた警察によって面前DVを確認したの

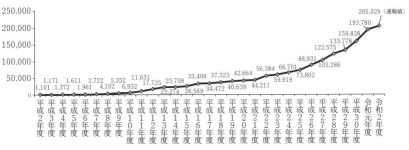

図14-1　児童虐待相談対応件数の推移（厚生労働省，2021）

表14-1　児童虐待死亡事例のリスク要因（社会保障審議会，2019）

続柄	リスク要因	件数
実母	養育能力の低さ	187
	育児不安	166
	衝動性	78
	うつ状態	76
実父	養育能力の低さ	76
	攻撃性	57
	怒りのコントロール不全	52
	衝動性	51

ち児童相談所へ通告されるケースの多さがわかる。

　さて，児童虐待のリスク要因（risk factor）はどうであろうか。児童虐待死の検証結果（社会保障審議会，2019）によると，養育能力の低さや育児不安，衝動性，攻撃性，怒りのコントロール不全といった養育者の心理的・精神的問題が一因になっていることを明らかにしている（表14-1）。また，乳幼児期の育てにくさや発達障害が虐待の背景にあることも示唆しており（笹川，2019），養育者の要因と子どもの要因が重なり，周囲の助けを得られないことでさらにリスクを高めるのである。また菅野・前川（2013）は，リスク要因を個人レベル，家族レベル，社会レベルに分類しているが，特に家族レベルのリスクとして父親の不在や家族の孤立を挙げ，社会レベルでは貧困問題や経済的苦境の問題に触れている。

　児童相談所が保護したからといって虐待リスクが低まるわけではない。児童福祉施設に措置された後に家族との交流をもちながら家庭復帰のタイミングを図るわけであるが，一時的に自宅へ帰宅した際に保護者からの不適切なかかわりによって子どもが心理的に不安定になることもあり（菅野・元永，2008），つねに虐待再発のリスクがつきまとうこともある。

3 被虐待児への学校での対応

⑴ 被虐待児の心理・行動特性を理解する

　被虐待児に特有な心理・行動特性として，虐待種別によって現れ方が異なる（奥山，1997；図14-2）。身体的虐待を受けた子どもであれば攻撃性が顕著であり，たび重なる虐待によってあらゆる刺激に過敏になり，落ち着かない行動をとる子どもも多い。学校現場ではしばしば ADHD（注意欠如・多動症）と混同されることから，虐待を起因とする多動性の視点を持つことも重要である。性的虐待を受けた場合，学校内外で不適切な性的行動（性化行動）を起こすことがある。具体例として，幼児や小学生であれば授業中に性器をいじる，他児の性器を触る，教員の陰部あたりに体を擦りつけてくるなどである。中学生以上になると，不純異性交遊のなかで性被害に遭うことも少なくない。したがって，このような行為が現れた場合には，性的虐待を受けた可能性を疑いながら対応する必要がある。

　ネグレクトでは，過度な愛情希求や感情の極端な抑圧で他者との距離感がつかみにくく対人トラブルに発展しやすい。また他者に対する共感力の弱さは，養育者から共感された体験を積み重ねていないことによる影響であり，人とつながることの心地よさを体感していないことから他人とつな

身体的虐待	性的虐待	ネグレクト	心理的虐待
・攻撃性 ・多動性 ・激しい癇癪 ・過度の警戒 ・低い自己評価 ・感情の解離	・恐怖，不安 ・抑うつ ・不適切な性的行動（性化行動） ・自己評価の低下（自分を汚いと感じる）	・過度の愛情希求 ・感情の極端な抑圧 ・他者に対して共感する力の弱さ	・低い自己評価 ・自傷行為 ・他者の顔色をうかがう ・激しい怒り ・攻撃性 ・孤立

図14-2　虐待種別による主な心理・行動特性（奥山，1997をもとに作成）

がろうとしないことが考えられる。そのため，学校では集団行動になじめず孤立しやすい。心理的虐待になると低い自己評価から抑うつ状態になることもあり，学習意欲の低下や無気力状態につながりやすい。また，学校内で自傷行為を繰り返して周囲の注目を集めることもある。心理的虐待に限らず被虐待児に多いのが他者の顔色をうかがう行為である。大人のちょっとした表情の変化に反応し，機嫌を取ろうとする子どももいれば，自分に注意を向けていないことがわかると激怒する子どももいる。

　養育者との愛着形成が不十分なままでいると，アタッチメント障害（Attachment Disorder）を引き起こすことになる。米国精神医学会の診断マニュアルである DSM-5 では，アタッチメント障害には「反応性アタッチメント障害」と「脱抑制型対人交流障害」の 2 タイプが存在する。反応性のタイプでは，相手と仲良くなりたいのに攻撃的な態度になってしまうといった両価的な感情を抱きやすく警戒心が強い。一方，脱抑制タイプになると過剰になれなれしく警戒心がない点が特徴である。登下校中に知らない人について行ってしまい，犯罪に巻き込まれることや性被害に遭ってしまう例もある。

⑵ 法律上知っておきたいこと

　児童虐待の通告先として知られるようになった児童相談所は，児童福祉法第 12 条に基づいた専門機関である。2015 年には全国共通ダイヤルが「189 番」（イチハヤク）に三桁化され，児童虐待や子育ての相談を 24 時間受け付けている。教育基本法において「児童」が小学生を指すのに対し，児童福祉法と児童虐待防止法では 18 歳未満の子どもすべてを対象としている。そのため，18 歳の高校生は虐待を受けたとしても原則対象外とされ，安全な居場所がないまま危険にさらされることもある。

　児童虐待防止法では，法改正によって学校の教職員や保育者は児童虐待の早期発見に努めなければならないとしている。また，通告の対象は「虐待を受けたと思われる児童」にも拡大し，虐待の疑われる場合でも通告義務が生じることになった。なお，結果として虐待の事実が確認できなかっ

たとしても，法の趣旨に基づいていれば法的責任を問われることはないとされている。警察の介入も可能であり，必要に応じて援助要請し抵抗する保護者を取り押さえるなどして協力を仰ぐことができる。

(3) 児童相談所などの関係機関との連携を図る

　児童虐待の通告先である児童相談所は，都道府県や政令指定都市，中核市，東京都の特別区が設置できる。だが地域によっては管轄地域が広く児童相談所のサポートを身近に受けられないこともある。そこで，市区町村の子ども家庭支援センターが児童相談所と連携をとりながら家庭訪問やショートステイ（一時預かり）などを通して家庭をサポートすることもある。他には地域に住む民生委員・児童委員や保健センターの保健師，医療機関の医師，非行少年をサポートする保護司，警察の少年課などが把握している虐待事案もあるため，学校や園は様々な関係者から適切に情報を聴取し，協力を得ながら早期に対応できるようにしなければならない。

　学校や園に通う子どもの被虐待が疑われた時点で，学校や園だけで問題を抱え込まず様々な機関や関係者と連携をとりながら対応を行うことになる（菅野，2020）。2004（平成16）年の児童福祉法の改正に関連し，要保護児童対策地域協議会（「要対協」と略される）の設置が求められ，関係者を集めて学校などで個別検討ケース会議を開催する場面が増えてきた。外部性を兼ね備えた人材は，いい意味で学校や園に「異質性」を注入し，新たな視点をもたらすことから（菅野，2016），学校や園は様々な声に耳を傾けながら対応する姿勢が求められる。

| 事例編 | …設問つきワークシート（目次末尾参照） |

　以下の事例1，事例2，事例3について，教員・保育者（学校・園）がどのように対応するか，知識・技術編に示された視点から考えてみてください。

事例 **1**

　新たなクラス担任が前任者から引き継いだ情報によると，幼稚園年長組の女子Ａの母親はこの４月に再婚したばかりということであった。Ａは「パパが買ってくれたの」と新しい靴をクラス担任に見せて声を弾ませている様子が見られた。夏休みが明けた２学期，クラス担任はＡの表情が暗いことに気づいた。どこかそわそわしていて，話を最後まで聴くことができず，集中力のなさが目につくようになった。特に隣のクラスの男性保育者が近くに来ると，表情をこわばらせ，避けるようなしぐさをすることもあった。担任が「何かあったの？」と声をかけても黙って首を振り，多くを語ろうとしなかった。ある日，帰宅する前に送迎バスを待機している教室でＡが急に泣き出したので「どうしたの？」と尋ねると「家に帰りたくない」とつぶやき，嗚咽して激しく泣き出した。落ち着かせてから詳しく事情を尋ねると「お父さんが怖い」「私が言うことをきかないと『おまえの育て方のせいだ』といって怒鳴ってママを叩くの」「ママが警察に電話しようとしたらパパがスマホを壊したの」とおびえながら話したため，至急対応を協議することになった。

事例 **2**

　小学３年生の女子Ｂは，活発でいつも大きな声を出して男児を追いかけているような元気な子であった。保育園に通う３歳の弟と，最近になって生まれたばかりの妹がいて，きょうだいが増えることを学級担任に嬉しそうに伝えていた。人懐っこい性格で，学級担任の膝の上によく乗っかってくるような子であったが，密着しようとするしぐさが気になっていた。また父親の存在が不明で，学校に提出された児童調査票には父親の情報が何も書かれていなかった。母親が出産してから少し異変が起きた。Ｂの髪は乱れがちで，服の汚れも目立つよ

うになった。宿題をやってこないことや忘れ物が重なったため，担任は連絡帳に「宿題や持ち物を確認してあげてください」と書いたが，連絡帳を学校に持ってこない日々が続いた。そこで，担任は家庭に電話し数回かけてようやく母親とつながったものの，赤ん坊の泣き声が止まなかったため，簡潔に用件を伝えて電話を切るしかなかった。夏休みが近づくとBから臭いがするようになり，同級生の男子から「臭い」「あっちいけ」といじめられることが増えてきた。しばらくすると給食費の滞納が発覚し，母親に連絡しても電話に出ないことから校長と相談し家庭訪問することになった。ある日の放課後，Bが住むアパートの一室を訪れると玄関のドアが少し空いていて，呼び鈴を押すとBが出てきた。「お母さんは？」と尋ねると「だいたいいつも弟と妹を連れてママの友だちの家に行っている」と話し，夜になったら戻ってくるから一人で待っているように言われているとのことであった。玄関から家の中を覗くと，服やおもちゃが散乱し，床が見えないほどであった。また，台所には洗っていない食器や酒の空き缶が山積みになっていて，異臭が立ち込めていた。さらにBは「歯が痛い」と訴え，むし歯を治療しないまま1年以上経っているとのことであった。

事例 3

　中学2年生の男子Cは，責任感が強く礼儀正しい生徒であった。特に，教員に対しては大きな声で相手の目を見て挨拶することができ，職員室でも話題の生徒であった。ただし，教員の前では優等生にふるまうが，同級生には粗暴な言動が目立っていた。また，つねに教員の顔色をうかがうような姿勢を学級担任は気にするようになった。Cは学校の部活動に属さず，野球のクラブチームに週5日通い，強豪の高校から声がかかるような将来を有望視されている選手であった。3学期のある日，肩の痛みを訴え保健室に訪れた男子生徒は，養

護教諭に「休む時間がなくて疲れている」と話すようになり，その後たびたび保健室に立ち寄るようになった。養護教諭と信頼関係ができると，クラブチームでの練習を終えてからも野球経験者である父親の厳しい指導が待っていてしんどいとこぼすようになり，徐々に「小学生の頃から父親に叩かれ，怒鳴られながら鍛えられてきた」「おまえのためにやっていることだと言われるけど，ただの親の自己満足。ミスすると体罰がエスカレート。周りから期待されてきたけどもう耐えられない」と涙を流しながら訴えるようになった。担任にも知っておいてもらったほうがよいのではと伝えると同意したため，担任を呼び詳しく話を聴くことになった。

■ 引用文献

菅野 恵（2016）学校と児童福祉との連携. 精神科治療学, 31(4), 513-517.

菅野 恵（2020）福祉心理学を学ぶ——児童虐待防止と心の支援. 勁草書房.

菅野 恵・元永拓郎（2008）児童養護施設における入所児童の「一時帰宅」および「宿泊交流」に関する研究——施設内で観察される「問題行動」との関連の検討を含めて. こころの健康, 23, 33-46.

菅野 恵・前川あさ美（2013）子どもの虐待という危機.〔日本発達心理学会編 発達科学ハンドブック7 災害・危機と人間. 新曜社, 99-110.〕

厚生労働省（2021）令和2年度 児童相談所での児童虐待相談対応件数（速報値）.〈https://www.mhlw.go.jp/content/11900000/000824239.pdf〉（2021年9月2日確認）

奥山眞紀子（1997）被虐待児の治療とケア. 臨床精神医学, 26(1), 19-26.

笹川宏樹（2019）児童虐待の現状とリスク要因. 心理臨床科学, 9(1), 31-38.

社会保障審議会児童部会児童虐待等要保護事例の検証に関する専門委員会（2019）子ども虐待による死亡事例等の検証結果等について（第15次報告）.〈https://www.mhlw.go.jp/stf/seisakunitsuite/bunya/0000190801_00003.html〉（2021年7月21日確認）

15章

教員のメンタルヘルス

■ 予習課題 ■

1. 公立学校の教職員の病気休職者数はどのように推移しているでしょうか。文部科学省の統計データで調べてみましょう。

2. 公立学校の教職員の病気休職者数における精神疾患による病気休職者数の割合についても調べてみましょう。

3. 教員のメンタルヘルスを保つためにはどのようなことが必要だと思いますか。自分自身でできること，学校内でできることの2つの視点から考えてみましょう。

15章

教員のメンタルヘルス

宮下敏恵

■ はじめに ■

　教員のメンタルヘルスに関する研究としてはバーンアウトに関する研究が多くみられる。バーンアウトは燃え尽き症候群といわれ，医師や看護師などの医療従事者や社会福祉援助職などの対人援助職を中心に研究がされており，長い間，人を援助する仕事を行っている過程において，心身が極度に疲労して，感情が枯渇したような状態になり，仕事にやりがいがもてなくなり，他者に対して思いやりのある態度を持てなくなることを指している。貝川（2009）の研究では小中学校の教員の半数以上が，宮下・森・西村ほか（2011）の研究では小中学校の教員の約3割がバーンアウト傾向を示すという結果がみられている。こうした状況をふまえて知識・技術編では教員のメンタルヘルスの現状と課題，個人や学校で可能な対応方法について解説し，事例編では実際にどのように対応すべきか検討する。

1 教員のメンタルヘルスの現状と課題

　教員を志したきっかけについて授業で学生に尋ねると，親身になってくれた教員との出会いをあげる場合が多い。子どもにとって家庭の次に長い時間を過ごす学校において，多大な影響を与える教員という職業は「子どもの成長過程に直接かかわる，非常に責任の重い，心身共に負荷のかかる職業」（館野，2016）であるものの，子どもの成長を支え，ともに悩み，感動し，達成感を感じるやりがいのある仕事である。しかし日本の教職員が世界と比較して最も長時間労働を行っているとの結果が発表され，多忙で時間のゆとりのない職場環境が浮き彫りとなっている（国立教育政策研究所，2019）。

　文部科学省の調査によると，全国の公立学校教育職員の病気休職者は2019（令和元）年度において8,157人であり，そのうち精神疾患による病気休職者は5,478人となり，過去最多となっている（図15-1）。病気休職者は1997（平成9）年度と比較して約2倍であるが，精神疾患は3.4倍となっている。いずれも，高止まり傾向から緩やかな上昇に転じている。精神疾患の割合については，1997（平成9）年度は38.6％であったが，近年は60％を超えてさらに上昇傾向にあり，2019（令和元）年度は67％となり，教職員在籍者全体の0.59％にあたる。このような現状を受け，文部科学省は勤務時間管理の徹底をはじめとした働き方改革の取り組みを推進し，メンタルヘルス対策の一層の推進をはかるよう，通知を出している（文部科学省，2021）。2015年から50人以上の事業場のストレスチェック制度が義務化されている（厚生労働省，2015）。学校は教職員数が50人以下であることが多いため努力義務であるが，今回の通知においては，学校の規模にかかわらず，すべての学校において適切に実施し，メンタルヘルスの不調の未然防止に取り組むことが示されている。

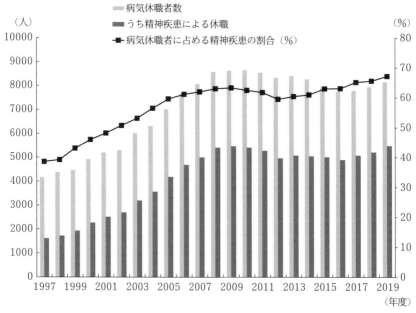

凡例:
- 病気休職者数
- うち精神疾患による休職
- 病気休職者に占める精神疾患の割合（%）

図15-1　公立学校教育職員における病気休職の推移（文部科学省，2020年）

また「教職員のメンタルヘルス対策について（最終まとめ）」（文部科学省，2013）をはじめ「学校における働き方改革の徹底について」（文部科学省，2019a）の通知などにより指摘されていた，業務改善や勤務時間の管理について，働き方の見直しに必要な取り組みをさらに行うように求められている。

　このように働き方改革が叫ばれ，取り組みが少しずつ進む中，全数調査ではないものの，2019（令和元）年の4〜6月と2018（平成30）年の同月を比較した調査によれば，小中高等学校，特別支援学校ともに，時間外勤務時間が45時間以下という教職員の割合が増えるという結果がみられるようになっている（文部科学省，2019b）。教員採用試験の倍率低下が深刻な問題となっている中，やりがいのある魅力的な職業であることを訴えるだけでは十分ではなく，職場環境の改善が必要といえる。

2 教員の職務特性の理解

　教員におけるメンタルヘルスを考える上で，職務特性を理解しておくことが重要である。秦（1991）の指摘をもとに教員の仕事の特徴を以下にあげる。まず「不確実性」があげられる。対人援助職にはつきものではあるが，人間が対象であるため，こうすれば必ずうまくいくという確実な方法がない。そのため教育の効果も具体的な数値にはなりにくく，手応えをわかりやすい指標でとらえることはできにくい。また勤務時間や責任の境界が曖昧になってしまう「無境界性」も特徴といえる。早朝や夜，休日に保護者から電話がかかってきたり，週休日に地域の行事に参加したり，生徒指導上の問題が生じた際には家庭訪問をしたり，他機関と連携したりと，一所懸命に仕事をしていると，仕事と責任の領域がどんどん拡がってしまう。

　被援助志向性の低さもよく指摘される点であり，多忙な学校現場では同僚も忙しいため助けを求めにくい。またチーム学校が叫ばれ協働することが求められるようになっているものの，教員一人ひとりは専門性をもっており，また一人ひとりに責任をまかされていることから，「疎結合性」といわれるように一人ずつが独立して仕事をしている部分も多い。職場の組織としては管理職が少なく，1段階ずつ昇進していく満足感は得られにくい。管理職が少ないために，メンタルヘルス対策におけるラインケア（組織において上司が部下の異変に気づき適切に対応すること）を行いにくい。学校規模が小さいと職場の人間関係は密着したものとなり，同僚や管理職との人間関係上の問題が生じやすいこともあげられる。

　教員を取り巻く昨今の社会的評価の影響も大きい。子どもの教育について学校に依存する傾向が強く，保護者からの過度な要求もみられ，何か問題が生じた際には社会的に厳しい評価を受けることも多い。教員の仕事は元来児童生徒への倫理観や道徳観などを教えることであるため，責任や評価が自分自身に返ってくるという「再帰性」も指摘されている。社会から

の暗黙の役割期待が過剰にあるといえる。また仕事の内容としても毎日様々な出来事が起こり，様々な感情体験をするなかで，自分自身の現在の感情とは異なる対応を求められることもある。

　このような教員の職務特性を理解した上で，メンタルヘルスについて考えていくことが重要だといえるだろう。

3 ストレスマネジメント

⑴ ストレスとは

　ストレスという言葉は広く一般的に用いられるようになっているが，ストレッサー，認知的評価，コーピング，ストレス反応という一連のプロセスモデルとしてとらえることができる。ストレッサーというのはストレスを発生させるきっかけともいえる脅威を与える出来事のことである。認知的評価というのは，脅威を与える出来事が自分にとって重大なことか，コントロールできるのかなど，出来事を評価することである。コーピングはストレッサーへの対処の仕方を指している。ストレス反応とはストレッサーにより引き起こされる心身の変化であり，イライラしたり不安になったり，心拍や血圧が上昇したり，疲れやすくなったりすることである。

　前述した教員のバーンアウトを防ぎ，メンタルヘルスを良好に保つためには教員の職務特性から生じる教員特有のストレッサーを理解し，サポートを得るなどの環境を整え，自身の認知的評価を理解し，コーピングスキルを高めていくことが大切である。

⑵ ストレッサー

　ストレスを生じさせる出来事（ストレッサー）として，12 章の学校危機であげたような事件，事故，災害や身近な人との死別，さらには昇進，結婚など人生において大きな転機となるような出来事があげられる。また通勤時の満員電車，隣近所の騒音，職場の人間関係など日常生活の中で繰り返し生じる出来事もストレッサーとなる。教員特有のストレッサーとし

ては業務の多さである多忙，児童生徒への指導や保護者対応，同僚や管理職との関係などがあげられている（谷口，2020）。教員の職務特性としてあげたように，教員の仕事は，時間や責任の境界が曖昧なため際限なく仕事が増えていく可能性がある。また責任感が強い人が多い半面，助けを求めにくい傾向がみられるため，同僚や管理職などのサポートが得られやすい環境を整えていくことが大切になる。一人ひとりが支援を得られるように日頃から同僚や管理職との関係を構築していこうとすることが必要であり，管理職を中心にサポートや連携をしやすい組織を作っていくことが求められる。生徒指導上の問題行動への対応や保護者対応においては一人で対応せず組織で対応することにより，学級担任等の一人が厳しい社会的評価の矢面に立たされることを防ぐことができる。一人で立ち向かわず，組織内で連携して対応することにより，ストレッサーは軽減されるといえる。

　このように学校組織内で連携して対応することはストレッサーを軽減し，重要なサポートとなるものの，職務特性の項でも述べたように集団の規模が小さいことから，同僚や管理職との人間関係がストレッサーとなる場合もある。自分自身がサポートを得るために周囲との人間関係を良好に維持することは重要であるが，管理職が教職員の対人関係に目を配り，個々の教職員の特性を活かした人材配置，校務分掌の適正配置を行うことが重要である。

　また学校は職場環境としてみたときに，企業のように環境が整っているとは言いがたい。管理職を中心に職場環境を改善し整備するという視点が今後ますます求められるだろう。仕事に集中しやすい机の配置やコミュニケーションがとりやすいレイアウトなど働きやすい環境を整えることにより，教職員のストレッサーが減り，児童生徒への関わりにもいい影響を与えることができる。

⑶ 認知的評価

　何度注意してもクラスの児童は言うことをきいてくれず，騒いでばかり

いる。夜更かしすることが多く遅刻が増えている生徒の保護者に生活リズムを整えてほしいと電話で伝えると，むっとした口調で「親が言っても聞かないんです」と言われる。このような出来事が生じた際に，自分はいつもうまくいかないと考える人もいれば，同僚や管理職は自分のことを無能だと思っているに違いないと考える人もいるだろう。こういう学級に自分を配置した管理職のせいにしたり，社会が不景気だからみんなイライラしていると経済状況のせいにしたりするかもしれない。ストレスとなる出来事が生じた際にその出来事についてどのように捉えるか，捉え方が大きな影響をもっている。悪い側面にばかり注目し，だから自分は（他者は）だめなんだという偏った捉え方ばかりになっているかもしれない。自分ではコントロールできない，どうしようもできないことであり，いつもこのようなことが起こってしまうと考えていると，無力感にさいなまれメンタルヘルスは悪化する。ひとつの例ではあるが，自分に対する否定的な考え方について記録を残して思考のパターンに気がつけるようにすることが効果的である（山口，2015）。認知的評価を変えることは難しいが，まずは自分の考えについて書き出してみることで，捉え方のパターンに気づく可能性がある。そのうえで，別の捉え方ができるのではないかと，異なる視点から考えてみようとすることが大切である。

⑷ コーピング

　ストレッサーに対処しようとする行動のことをコーピングという（高岸，2019）。コーピングの分類についてはいくつかあるが，一般的に大別して問題焦点型（問題直視型），情動焦点型，問題回避型コーピングがあげられる（図 15-2）。問題焦点型コーピングは脅威となる出来事や状況を直接解決しようとするものである。認知的評価の項であげた騒がしいクラスの例では，注意する方法を見直したり，注意することがよいのか他の方法はないのかを考えたり，同僚や先輩に相談するなど，問題を解決するために具体的に行動を起こすことを指している。

　情動焦点型コーピングは自分自身の考え方や感情を調整することを指し

図15-2 コーピングの種類（教職員共済，2016）

ている。先ほどの例でいうと，騒がしいと捉えていた児童のいいところを探したり，試練の時期だと考えたりすることである。また趣味に取り組んだり美味しいものを食べたりして気分転換をすることもあげられる。教員の職務特性の項でもあげたが，自身の感情の調整は教員にとって必要不可欠なものであり，深見（2020）が指摘するように，自身の感情への自覚を高め，感情調整力を高めていくことは，児童生徒との関係をつくり，同僚との関係を維持し，保護者や地域との対応が今後ますます求められるようになる上で重要な力といえるだろう。

　問題回避型コーピングは脅威となる出来事を避けたり，無視したりすることである。問題を避けて忘れるようにする，なるべく考えないようにする，しかたがないとあきらめるなどを指している。コーピングとバーンアウトを調べた研究では，問題回避型コーピングはバーンアウトを促進するという結果がみられているものの（平岡，2001；宮下，2012），問題回避型コーピングは必ずしも悪いわけではない。問題を解決しようと前向きに頑張っても，多様な要因が複雑に関係している問題では，自分自身の経験や力だけでは解決できないこともある。不安が高くなり焦ってばかりいても悪循環に陥るだけである。その場合，解決をいったん先延ばしにして気分転換をしてみることで，問題から距離を置くことができ，落ち着いて行動できるようになるかもしれない。大事なのはひとつのコーピングばかりに固執するのではなく，いくつかの対処方法を自分に身につけておき，柔軟に使い分けることである。

⑸ ストレス反応

　ストレス反応とは，脅威を与える出来事，すなわちストレッサーにより生じる変化のことであり，心理面としては，怒りや不安，憂うつ，無力感や自分を責める感情などがみられ，身体面としては，頭痛，便秘や下痢，疲労感，肩こりなどがあげられる。行動面としては，アルコールやカフェインの摂取量が増える，落ち着かず集中できない，眠れないなどがみられる。このようにストレス反応は様々な面にあらわれるものであることを理解し，自分自身の心理面，身体面，行動面の反応に対して早期に気づくことが大切である。ストレス反応がみられた場合は呼吸法（山口，2015）や漸進的筋弛緩法（門前，1995）などを行い，自分自身のメンタルヘルスが悪化しないように早期に対応することが求められる。そのためには深見（2020）が指摘するように「適切な食事，睡眠時間の確保，適度な運動」は基本であり，時間の管理を意識し，仕事と，自身の家庭や趣味などの時間とのバランスをとることが，健康を維持しメンタルヘルスを保つためには重要である。自分自身でうまく対処ができないと感じた場合は，スクールカウンセラーに相談したり，医療機関を受診したり，早期に援助を求めることにより，重篤な状態に陥ることを防ぐことができる。

| 事例編 | …設問つきワークシート（目次末尾参照） |

　以下の事例1，事例2について，教員（学校）がどのように対応するか，知識・技術編に示された視点から考えてみてください。

事例 1 --

　1学年に2学級規模の小学校に赴任した初任者のA先生（女性）は，小学4年生の学級担任となった。A先生が着任したB小学校は市街地にあり，児童数は近年やや減少傾向にある。古くから住んでいる，祖父母と同居の三世帯の家も多い一方で，通勤の便利さから若い

世代の核家族もアパートやマンションに住んでいる。Ａ先生の学年の
もう一人の担任であるＣ先生は学年主任でもある経験豊富な 50 歳代
の女性教員である。校長は今年度，教頭から昇任し，Ｂ小学校に着任
したばかりの男性である。教頭は昨年度からＢ小学校に勤めている
40 歳代後半の女性である。

　Ｂ小学校はＡ先生の実家からは離れており，慣れない土地ではじ
めて一人暮らしとなったため，引っ越しの片付けも落ち着かない状態
での初出勤であったが，Ａ先生は張り切って毎日を過ごしていた。大
学時代と異なり，朝早く起きる生活にやや疲れを感じながらも，毎日
の授業準備や書類の作成，初任者研修の準備などに追われていた。隣
の学校に勤務する新採用教員指導の先生が巡回指導に週 1 回来校し，
授業をみて指導をしてくれるが，主任であるＣ先生も学級づくりや
授業づくりについて丁寧に指導をしてくれていた。

　しかし，Ａ先生の学級で女子児童のいじめが認知され，その対応も
あり授業の進度に遅れが生じてくるようになった。いじめの問題への
対応を一所懸命に行っていたところ，授業がたびたび話し合いの時間
になったことへの不満が一部の女子にあるということが，保護者から
の電話でわかった。女子に対してからかうような発言をする男子も数
人みられるようになり，主任であるＣ先生は学級の様子を心配した
ためか厳しい口調で指導するようになった。Ａ先生は教頭先生に主任
のＣ先生の口調が厳しいことを相談しようと思ったが，自分が弱い
と思われはしないかということが気になり話せないままであった。Ａ
先生は主任のＣ先生の指導のとおりにしようとするものの，なかな
かうまくいかず眠れない日が増え，食欲も低下してきた。6 月上旬頃
からＣ先生の指導の頻度がさらに増加し，口調もより厳しいものと
なった。学級の落ちつかない様子を見かねた管理職が授業負担を軽減
したものの，Ａ先生は 6 月下旬になり学校を休み病院を受診すること
となった。

D 先生は 40 歳代後半，中学校に勤める中堅の男性教員である。D 先生が勤める E 中学校は 1 学年 3 学級規模であり，郊外の学校である。E 中学校は部活動が盛んであり，保護者や地域の人たちも部活動には協力的である。校長は 50 歳代後半の男性であり E 中学校は着任して 3 年目である。温厚な人柄の校長に対し，教頭は 40 歳代半ばの元気のいいタイプで，以前 E 中学校でバスケ部顧問をしており，指導していた当時は，県大会でベスト 4 まで進出したことがある。

D 先生は隣の市の中学校に勤務する妻と大学生，高校生の子どもがいる。昨年度は 1 年生の学級担任であり，今年度は 2 年生の学級担任をしている。指導教科は社会で，男子バスケ部の顧問であり，バスケの指導実績を評価され E 中学校に着任した。昨年度は 1 年生と 2 年生の社会の授業を担当していたが，D 先生の授業は面白く，生徒からの評判もよかった。昨年度，バスケ部は県大会出場の期待をされていたが，一歩手前で出場を逃していた。3 年生が引退した後，1 年生と 2 年生だけになった以降，県大会優勝を目標に掲げ，部活動の指導はさらに熱心になっていった。昨年度末の春休み頃から，部活動の練習時間が長くなっていき，バスケ未経験者である若手の副顧問の先生は心配していたものの，保護者の期待も大きく，D 先生には何も言えなかった。

今年度になり，D 先生は 2 学年副主任と学級担任を兼ねるようになったが，部活動指導は熱心に取り組むものの，学年全体での行事や指導などは学年主任にまかせきりとなる。他の学級担任と共同歩調で行う指導も忘れることが多く，学年主任や他の学級担任が注意をするが改善はみられない。バスケ部のレギュラー以外の生徒に対して，冷たい指導がみられるようになった。部活動の指導において，厳しい口調で叱ることが増え，またレギュラーではない生徒を大事にしないという苦情も保護者から教頭に入ってきた。土日に部活動の練習で他県

に行くなどした翌月曜日に D 先生が体調不良で休みを取ることも増えてきた。バスケ部のレギュラーではない 2 年生の生徒が学校を休むようになり，最初理由を言わなかったが，学級担任と学年主任が家庭訪問をして話を聞くと，部活動を辞めたいものの，顧問に言えないと泣きながら話した。2 学年の他の学級担任からも D 先生が部活動ばかり熱心に指導していることに不満が強まり，D 先生と他の先生方との関係が悪化。さらに，学校を休んでいる生徒の保護者が校長に訴えたということを D 先生が聞き，D 先生は医療機関に受診し，うつ病により 3 カ月の病気休職を取得することになった。

■ 引用文献

深見俊崇（2020）教師のレジリエンスを高めるフレームワーク——柔軟な問題解決者となるための 5 つの視点. 北大路書房.

秦 政春（1991）教師のストレス：「教育ストレス」に関する調査研究 I. 福岡教育大学紀要教職科編, 40, 79-146.

平岡永子（2001）教師バーンアウトモデルの一考察. 関西学院大学臨床教育心理学研究, 27, 17-25.

貝川直子（2009）学校組織特性とソーシャルサポートが教師バーンアウトに与える影響. パーソナリティ研究, 17, 270-279.

国立教育政策研究所（2019）教員環境の国際比較——学び続ける教員と校長——OECD 国際教員指導環境調査（TALIS）2018. ぎょうせい.

厚生労働省（2015）ストレスチェック制度に関する法令.〈https://www.mhlw.go.jp/content/11300000/000544659.pdf〉（2021 年 7 月 3 日確認）

教職員共済（2016）多様な「コーピング」.〈https://www.kyousyokuin.or.jp/enjoy/column/work/burnout/20160422.html〉（2021 年 9 月 22 日確認）

宮下敏恵・森 慶輔・西村昭徳・北島正人（2011）小・中学校教師におけるバーンアウトの現状——3 回の調査を通して. 上越教育大学紀要, 30, 143-152.

宮下敏恵（2012）中学校教師のバーンアウト傾向に関連する要因の検討. 学校メンタルヘルス, 15, 101-118.

文部科学省（2013）教職員のメンタルヘルス対策について（最終まとめ）.〈https://www.mext.go.jp/component/b_menu/shingi/toushin/__icsFiles/afieldfile/2013/03/29/1332655_03.pdf〉（2021 年 7 月 3 日確認）

文部科学省（2019a）学校における働き方改革に関する取組の徹底について（通知）.〈https://www.mext.go.jp/a_menu/shotou/hatarakikata/1414502.htm〉

（2021 年 7 月 3 日確認）

文部科学省（2019b）令和元年度教育委員会における学校の働き方改革のための取組状況調査結果.〈https://www.mext.go.jp/a_menu/shotou/uneishien/detail/1407520_00003.htm〉（2021 年 7 月 3 日確認）

文部科学省（2020）令和元年度公立学校教職員の人事行政状況調査について.〈https://www.mext.go.jp/a_menu/shotou/jinji/1411820_00002.htm〉（2021 年 7 月 3 日確認）

文部科学省（2021）令和元年度公立学校教職員の人事行政状況調査結果等に係る留意事項について（通知）.〈https://www.mext.go.jp/content/20210409-mxt_syoto01-000011607_01.pdf〉（2021 年 7 月 3 日確認）

門前 進（1995）イメージ自己体験法——心を味わい豊かにするために. 誠信書房.

高岸幸広（2019）教師のメンタルヘルス.［高岸幸弘・井出智博・蔵岡智子　これからの教育相談——答えのない問題に立ち向かえる教師を目指して. 北樹出版, 188-203.］

谷口弘一（2020）教師のメンタルヘルス.［藤原和政・谷口弘一編著　学校現場で役立つ教育相談. 北大路書房, 239-256.］

館野由美子（2016）教員のメンタルヘルス.［原田眞理編著　教育相談の理論と方法 小学校編. 玉川大学出版部, 217-230.］

山口義枝（2015）ストレスマネジメント.［津川律子・山口義枝・北村世都編 Next 教科書シリーズ　教育相談. 弘文堂, 193-200.］

執筆者紹介

森　慶輔（もり・けいすけ）　　　　　　　　　　　　編者，1・6・9・10・13章

小中高等学校のスクールカウンセラー等を経て，現在，足利大学教職課程センター
教授。博士（学術），公認心理師，臨床心理士。専門は教育心理学，臨床心理学。
幼小中高の教職課程で教鞭を執るとともに，教員のメンタルヘルス，養護教諭の職
業的アイデンティティの形成，大学でのアクティブラーニングなどの研究・実践を
行っている。

宮下敏恵（みやした・としえ）　　　　　　　　　　　　　　編者，12・15章

早稲田大学大学院人間科学研究科博士課程健康科学専攻修了，早稲田大学人間科学
部助手を経て，現在，上越教育大学学校教育研究科教授。博士（人間科学），公認
心理師，臨床心理士，学校心理士。専門は臨床心理学。スクールカウンセラー，震
災ケアに関わるカウンセラーなど，学校現場への支援を行いながら，教員のメンタ
ルヘルスに関する研究を行っている。

北島正人（きたじま・まさと）　　　　　　　　　　　　　　　　2・3章

早稲田大学大学院人間科学研究科修士課程修了，北里大学東病院，帝京大学附属溝
口病院精神神経科を経て，現在，秋田大学大学院教育学研究科教授。公認心理師，
臨床心理士。専門は臨床心理学。医療心理臨床，いのちの電話，再犯防止教育，ス
クールカウンセリングといった臨床活動の傍ら，教員のメンタルヘルス，自殺リス
ク評価に関する研究を行っている。

大門秀司（だいもん・しゅうじ）　　　　　　　　　　　　　　　　4章

兵庫教育大学大学院連合学校教育学研究科学校教育臨床連合講座修了。現在，富山
市教育委員会学校教育課指導主事。博士（学校教育学）。臨床心理士。描画法のひ
とつである動的学校画や学級経営に活かす心理学，いじめ・不登校への対応などに
関する実践的研究を行っている。

高橋知己（たかはし・ともみ）　　　　　　　　　　　　　　　5章

公立小学校教員を経て，現在，上越教育大学大学院学校教育研究科教授。修士（教育学）。上越教育大学いじめ・生徒指導研究センター長，新潟県いじめ防止対策等に関する委員会委員，学校心理士。専門は学校心理学，教育心理学，特別活動論，学級経営論。いじめ問題等について学校支援を行いながら，学校・学級における集団と個人のありように関する研究を行っている。

加藤哲文（かとう・てつぶみ）　　　　　　　　　　　　　　　7章

筑波大学大学院博士課程心身障害学研究科修了，筑波大学助手，つくば国際大学助教授等を経て，現在，上越教育大学大学院学校教育研究科特任教授。博士（教育学）。公認心理師，臨床心理士，学校心理士，特別支援教育士スーパーバイザー。専門は学校臨床心理学，発達障害心理学，応用行動分析学。

増井　晃（ますい・あきら）　　　　　　　　　　　　　　　　8章

滋賀医科大学精神医学講座准教授，上越教育大学大学院教授を経て，現在，栃木県立岡本台病院院長。精神科医，精神保健指定医。専門は学校精神保健。栃木県では，教員のメンタルヘルスに関する研究活動に加え，学校職員健康対策委員会委員として，主に精神疾患により休職した教職員の職場復帰訓練開始や復職の判定にも携わっている。

豊島幸子（としま・ゆきこ）　　　　　　　　　　　　　　　11章

群馬大学大学院保健学研究科後期課程保健学専攻修了，群馬県内において小中高等学校の養護教諭，教育委員会指導主事を経て，現在，足利大学看護学部教授。博士（保健学），看護師，保健師，養護教諭専修免許。専門は学校保健，健康教育。栃木県足利市内の小中学校を対象に「睡眠から健康を考える」健康教育に取り組みながら，睡眠および感染症予防教育に関する研究を行っている。

菅野　恵（かんの・けい）　　　　　　　　　　　　　　　　14章

東京都公立学校スクールカウンセラー，児童養護施設心理療法担当職員（嘱託）等を経て，現在，和光大学現代人間学部教授。博士（心理学）。公認心理師，臨床心理士。専門は臨床心理学（児童福祉・学校領域）。被虐待児に対する心のケアの実践・研究に携わりながら，学校で直面する児童虐待事例のテーマに取り組んでいる。

調べる・学ぶ・考える

教育相談テキストブック
学校で出会う問題とその対応

2021年11月30日　初版第1刷発行　　〔検印省略〕

編　者　森　慶輔・宮下敏恵

発行者　金子紀子
発行所　株式会社 金子書房
　　　　〒112-0012　東京都文京区大塚3-3-7
　　　　TEL 03(3941)0111(代)　FAX 03(3941)0163
　　　　https://www.kanekoshobo.co.jp
　　　　振替 00180-9-103376

印刷　藤原印刷株式会社　　製本　一色製本株式会社

©Keisuke Mori et al., 2021　Printed in Japan
ISBN978-4-7608-2440-3　C3011